蝦夷《エミシ》と東北の日本古代史

幻の雄勝城をめぐる物語

林 順治

えにし書房

序　言

ふるさとの　山に向かひて　言うことなし　ふるさとの山は　ありがたきかな

〔明治四三年（一九一〇）一二月刊行、石川啄木の第一歌集『一握の砂』に収録〕

蝦夷と東北の日本古代史 ◎目次◎

序　章　故郷

▼八幡神社

広い竹藪に囲まれた福岡利兵衛の屋敷の前を通る本荘街道から横道に入ると八幡神社があった。その八幡神社の鳥居は利兵衛の玄関先からまっすぐに見える。鳥居のそばに大きな杉の木があった。その杉の木の根元は空洞になっていて、子ども二、三人が隠れることができた。太い大きなイチョウの木も杉の木の隣に立っていた。秋にはたくさんの実が落ち、辺り一面黄色いイチョウの葉でいっぱいになった。

同級生の紀男や堅悦の家が利兵衛の前から鳥居までの参道ともいえなくもない道沿いに六、七軒並んでいた。紀男の家の赤スモモは秋になると道端までしなっていた。紀男の家の手前は堅悦の家、その手前はソーエン殿だ。夏にはソーエン殿の大きな黄色の花を咲かせた二本のヒマワリが道路の方に傾いていた。

本荘街道の北側は神主のホーエン殿、利兵衛と親戚筋のフクヨシさん、富田ヒロジさんの麹屋、ヒロジさんの叔父サブローオンチャの家、私の母の姉の菓子屋の家、大工の鉄男の家、私の家と親戚筋の祐平の家、リンジャの家と裏畑に通じる細い道を挟んで雑貨店の加賀谷があった。

麹屋の裏のスイカは参道の垣根からも見えるほどゴロゴロと転がっていた。ソーエン殿の手前はセベ殿の木端《こっぱ》製材工場の木材が道沿いに堆く積まれていた。工場からでるおがくず（チップ）をもらって八幡神社の境内の土俵にふんだんに運んだ。

利兵衛の家を基点とする参道は鳥居の前で二手にわかれ、右側は神社の杉で鬱蒼と薄暗く、湿った細い道は雄物川の川原に続いていた。川端には同級生の善一や富士夫やサワ子の家があった。

善一も富士夫もクラスで背丈が低い方であった。善一と富士夫はとても仲がよかった。善一は富士夫より少し小さかったが度胸があり、二人はいつも一緒に遊んでいた。富士夫は日に焼けて色が黒かった。富士夫はほとんど学校には来なかったが、家にもいなかった。富士夫を探すのは大変だった。

鳥居の左の道は右手より明るく、セツ子の家と二、三軒の家があった。セツ子は小学校三年の時、満州から引き揚げて来た。勉強がよくできたし、サワ子と同じようにソロバンが抜群だった。ガラガラ声だったが、それが魅力であった。

この辺り一帯はスモモや柿やリンゴの木がたくさんあった。頭上から藤の弦が垂れ下がり、ツツジも道が狭くなるほど生い茂っていた。この道は水浴びの行き帰りに必ず通る道であった。初夏には銀ヤンマがツツジの葉かげに無数に逆さにぶら下がっていた。

藤の弦《つる》というと利兵衛の家の裏には漆樹《うるしのき》に巻きついた藤の弦が地面まで垂れ下がっていた。そこは青大将がいそうだったので子どもたちはターザンごっこも止めてしまった。

セツ子の家の近くの道を下ると八幡神社の裏側に出た。神社の二の殿が高く石垣上に聳えていた。道は十字路になっていて右に行くと富士夫や善一の家の方につながり、隣町の沼館に続いていた。土手を越えると雄物川の河原だ。

左の道は学年が二年下の直樹の家の築地の間の狭くて細い道に通じた。直樹の家はなぜかタナヤといって利兵衛の親戚筋だが、直樹をタナヤノアンチャと呼んだ。蚕を飼っていたので棚屋になったのかもしれない。白壁で囲まれた大きな家だった。

本荘街道は横手市と日本海側の本荘市を東西に結ぶ街道だ。横手から私の集落深井まで一六キロの距離だ。深井を通りすぎて雄物川橋を渡ると出羽山地に入る。本荘街道は雄物川橋を渡るまえに土手沿いに大きく左に曲がり、その右側に棚屋の家があった。

棚屋の家から雄物川の橋の袂《たもと》まで両側に一〇軒ほどの家があった。同級生の良二や重治やトヲ子の家があった。トヲ子の父はイタロウ巡査と呼ばれていたが、若いときは私の父の弟子であった。

棚屋の裏は赤沼という深い大きな沼があった。赤沼の対岸は土手になっていた。土手にはバッケやドカランポやスッカンポがたくさん生えた。ドラカンポはイタドリのことだ。雄物川橋の手前の深川さんの家の坂道を下ったところに土橋がかかっていた。ヨシや柳やマコモの間を水が噴き出すように渦巻いて赤沼の方に流れていた。

赤沼からたくさんのフナや天皇魚やクキが遡って来るのを土橋から見ることができた。土手をこえて雄物川の河原に出るにはこの道は一番近かった。かつてこの坂道は船付き場だったという。大雨で赤沼が増水すると大きな川の流れとなって、船が二、三艘坂道の桜の木に繋がれた。

春になると土手の下のネコヤナギが茂る岸辺から、水草がしだいに沼の真ん中まで伸びていった。水草と水草の間に釣り糸を垂れると小さなフナがたくさん釣れた。土手の反対側は棚屋の畑になっていた。サヤエンドウやナスやジャガイモ、キュウリの弦がのび、淡いグリーンの葉が畑をうめつくしていた。

沼の岸に大きな柳の枝が水面まで垂れ下がり、夕方になるとその辺りでオイカワが無数に飛び跳ねた。オイカワのことを天皇魚と呼んで誰もオイカワと呼んだことはない。オスは色鮮やかで大きかったがメスの方が蒸して食べると旨かった。

沼の北側は八幡神社の裏までしだいに浅くなって水草が繁茂していた。沼は蒲鉾形のようなコンクリートで堰き止められていたが、土手に繋がっていた。赤沼の水は土手の下をくぐって幾筋にもわかれて川原の砂地を流れた。

河原のせせらぎを上って小魚が赤沼に入るのを見ることができた。八幡神社のわき道の坂を下り、丸いコンクリートの上を走り、土手を上ると白くびっしりと敷き詰められた小石と砂が雄物川橋の方まで広がっている。

雄物川が西馬音内の方から蛇行して流れてくる。はるか向こうの出羽丘陵と奥羽山脈が出会うところは大きな谷間がV字のように見える。その向こうは日本海だ。鳥海山から雲が沸き立ち、たちまち横手盆地を覆っていく。風が吹く、一面の水田が波打ち、草木がざわめく、子どもが畦道を走り、川で泳ぐ。山、川、畑、雑草、村々、神もなく、さしたる約束もなく、儀式もない。権威もないが、不自由もない。

第1章　鹿嶋祭り

1　源氏の氏神応神天皇

▼全国四万三〇〇〇社

深井や隣の沼館にあるような八幡神社は全国に分布する。その数は四万三〇〇〇社と言われる。昭和六〇年（一九八五）の文化庁の宗教統計調査では神社の総数は八万一四一〇社だから、五〇％を占める。八幡神は宇佐八幡に起源をもち、貞観元年（八五九）に僧行教《ぎょうきょう》の働きで山城国綴喜《つづき》郡の男山に勧請《かんじょう》されたのが石清水八幡宮だ。石清水《いわしみず》八幡宮は現在の京都府八幡市にある。石清水という名称は明治二年（一八六九）に男山になり、大正二年（一九一三）にまた石清水に戻った。

京都駅から新大阪まで新幹線で一五分もかからない。京都駅を発車して間もなく進行方向の左前方に小高い丘陵が見えてくる。丘陵の西部は山の中腹まで住宅がびっしりだ。京都と大阪の境界になる甘南《かんなび》丘陵の最北端に男山がある。

北側がちょうど桂川・宇治川・木津川が合流して淀川一本になる。その左岸に男山八幡宮がある。右岸は京都盆地の西側の最南端にせり出した西山山地の天王山だ。この辺り一帯は古来軍事上の最適な要地であった。天正一〇年（一五八二）の秀吉と明智光秀の山崎の戦いはここで行われた。

鶴岡八幡宮は康平六年（一〇六三）に源頼義によって石清水八幡宮から鎌倉に勧請された。勧請とは神仏を他の地に移して祭ることである。本社の祭神や分霊が各地に多く祭られるようになった。石清水八幡宮の分社が二万五〇〇〇社、宇佐八幡宮が一万五〇〇〇社と言われている。清和源氏は八幡神を氏神として祭った。頼義の父頼信は康平六年に石清水八幡宮に納めた源頼信の告文で八幡権現大菩薩は誉田《ほむた》天皇（応神天皇）が頼信から二二世の氏祖であると宣告した。

八幡神の多い県から順番からあげると、山口、兵庫、大分、香川、島根、福岡の順になる。瀬戸内海沿岸が多い。少ない県は、茨城、大阪、奈良、三重、長崎、群馬などである。茨城県が少ないのは理由がはっきりしている。水戸光圀の「八幡潰し」である。光圀は全国に先駆けて神仏分離を意図して、元禄八年（一六九五）前後から神社の整理統合に着手した。

水戸領内の八幡神社のうち、七二社が吉田神社、鹿嶋神社あるいは静神社に名を変えた。八幡神社の祭神誉田別尊《ほむたわけのみこと》こと応神天皇は主神の座からおろされてしまった。光圀が前領主佐竹の八幡色を一掃しようとしたのか、他の目的があったのかはっきりしない。

八幡宮の祭神は応神天皇が中心である。比咩神《ひめがみ》や神功皇后を一緒に祭る場合もある。応神天皇を主神とする神社は全体の二二%におよぶ。しかし、宮地直一博士によれば宇佐の祭神はもともと応神天皇ではなかったという。

祭神としての応神天皇の名が初めて出てくるのは、弘仁二年（八一一）の宇佐宮の神主大神清麻呂《おおがのきよまろ》の解状《げじょう》であるという。解状とはいまの上申書のことである。その解状には「この大菩薩は太上天皇の御霊である」とあった。

しかし田中卓は『住吉大社神代記の研究』で応神天皇説はすでに天平三年（七三一）に成立していたという。また八幡という文字は『続日本紀』の天平勝宝元年（七四九）の記事に出てくるが、中野幡能《はたよし》は「ヤハタ」と読むことができると指摘している。天平勝宝元年は正月元日から全国寺々に金光明経《こんこうみょうきょう》を読ませて悔過《けか》の儀式を行い、天下に殺生を禁じた。

この年の一〇月には東大寺が完成した。一二月二七日には八幡神を平群《へぐり》郡に迎え、この日、八幡神は平城京に入り、八幡大神の禰宜尼《ねぎに》・大神朝臣杜女《おおみわのあそんもりめ》が東大寺に参拝した。禰宜尼が乗った御輿は天皇が乗る御輿と同じ紫色だった。神が仏の守護神となったのである。

中野幡能のいう天平三年の八幡の記事とは、四月一日に天皇が使者を送って伊勢神宮・大神《おおみわ》神社・筑紫の住吉・八幡の二社および香椎宮《かしいのみや》に幣帛《みてぐら》を奉じて、新羅国の無礼のことを報告させたとあるが、この時であろう。

私が育った秋田県平鹿郡雄物川町深井にも八幡神社がある。沼館・里見・福地・大沢・館合が合併する前は福地村深井といった。隣の沼館町にも八幡神社がある。沼館には八幡神社が二つあり、雄物川を渡った出羽丘陵の先端の小高い丘の矢神八幡と、沼の柵址にある沼館八幡だ。

矢神の丘の八幡は雄物川がその麓を流れ、横手盆地が一望できる絶妙な場所にある。金沢の柵もさほど遠くはない。後三年の役で沼の柵の攻略に苦しんだ源義家が男山八幡からこの矢神に勧請したというのも本当に思える。

町史によると深井の八幡は正保元年（一六四五）の徳川家光の時代に秋田城の弓矢八幡を勧請したという。石川五郎兵衛の新田開発を記念して創建されたというが、この三代目の石川五郎兵衛は佐竹藩主の家臣団の一人で新田開発の任務を負った梅津半右衛門の給人であった。給人とは主君から土地を与えられた家臣をいう。一六〇〇年の関ヶ原の戦後処理で、常陸五四万石から秋田二〇万石に減らされた佐竹義宣《よしのぶ》は、秋田に転封されてから新田開発に一所懸命であった。

2　本荘街道の深井集落と鹿嶋送り

▼堰《せき》

七月の半ば頃鹿嶋祭りがあった。この祭りと八幡神社の関係はいまひとつわからない。この頃村の周囲の水田は青々と波打っていた。田圃のなかをめぐる大小の堰には水が満々と張りつめられた。大人も子どもも堰をセゲとも呼んだ。田と田の間に土も盛り上げて仕切る畔《あぜ》をクロと呼んだ。

昭和二五年（一九五〇）頃に始まる耕地整理や土地改良までは、堤やクロは自由自在に曲がりくねり変化に富んでいた。四月の代掻《しろか》きの頃は、フナやナマズは雄物川や大きな堰から小さな堰にのぼって子を生んだ。代掻きとは田植えの前の田を馬鍬で掘り起こし、水をいっぱいに満たした田の土を何回かにわたって柔らかくしていく作業のことである。

七月から八月になると、子どもたちは網と棒とバケツをもって田圃にでかける。小さな堰の方がよい。長い棒の先に下駄を打ち付け、五メートルほど先から棒で底の土と水をかき混ぜながら、できるだけ勢いよく網の方に追いかける。数えきれないほどのフナの子が網いっぱいに入った。網でまちうける者、棒で追いかける者、バケツをもつ者と役割分担が決まっていた。これらの行為を雑魚引《ざっこひき》といった。

兄弟三人いれば、網は一番年上、棒で追いかける者は二番目、バケツは三番目である。棒役と網役は入れ替わるときもあった。棒役だけだと疲れるからである。網とバケツを一人兼ねるときは二人でできた。

棒を使わないときは網とバケツだと一人でもできた。堰によってはフナの子がきれいにそろって網に入った。その時はザクザクと音がした。ビックリするような太い大きなドジョウがたった一匹入ることもあった。ゲンゴロウやイモリやカエルやミズスマシや小さなナマズの子が水草と一緒に入った。

深井の周辺には五郎兵衛、長沼、葛巻《くずまき》、矢田野の大きな堰があった。その堰の名前で場所と地形と田畑の所有者が想像することができた。五郎兵衛堰は南形の東と北を横切り、一番大きく深く流れが速かった。六月半ばになると水がよどんだ崖《まま》になったところで子どもたちは水浴びをした。水田で腹這いになったり寝そべったりして体を暖めたので、大人は怒って子どもたちを追い出した。

長沼堰は南の道地の方から流れてきて深井の深徳寺というお寺の裏で二手にわかれ、慶一の家とお寺の境内の間を流れ、一方はお寺の墓と幸悦の家の間を流れた。光悦の家は本荘街道筋の南形と深井の境界にあった。

慶一の側の堰は本荘街道にかかるコンクリートでできた上《かみ》の門《かど》の橋の下を流れ、土管屋の脇で二手にわかれた。上の門の橋の袂の太い大きな柳の枝が水面まで垂れ下がり、その辺りで大根や人参やゴボウや山芋の泥を洗い落し、馬や牛の背中も洗った。

土管工場の脇でわかれた小さな堰のほうに大根の葉っぱや藁屑《わらくず》が流れていった。その堰は急流になって先の幸悦の家の脇を流れてきた堰と合流した。和彦の家の畑の裏と梨畑の前の間を抜けて北の大きな五郎兵衛堰に入った。その辺りは南形と沼館の今宿を結ぶ大きな土橋かかっていた。欄干のない高い橋の上からみると五郎兵衛堰は深く渦巻いて怖かった。

土管屋の脇のもう一つの堰はまっすぐに工場の裏にある高い煙突の側を流れ、桑畑と桑畑の間を流れたが、大水で畑が崩れ落ちて両岸が崖になり、沼のようにどんよりと濁っていた。土管屋の煙突の下は古墳のように盛りあがり、鬱蒼とした藪になってレンガや土管のカケラの間に青大将がとぐろを巻いているのを見た。

堰を挟んで向こうの畑は裕平の家の畑であった。その畑から二メートルほど段差のある田圃になった。その田圃のなかに富士夫の家があったが、富士夫の家は十軒ほどの家が並んだ川端集落の裏に一軒ポッチリ立っていた。

本荘街道を挟んで南側は慶ボの家、教頭先生、畳屋、宮野麹屋、床屋、フククマさん、正樹の家、コンペ大工の家、二年下のアヤちゃんがいるイサバ屋（魚屋）の家。このイサバ屋さんは改修工事のとき、南形に引っ越し、その跡地に八幡神社の左手の砂利屋さんが移ってきた。アヤちゃんの隣が私の家、長助さんの家、ホッカイドウさんの家、エン様のアンチャの家、富田の家、福岡利兵衛の家である。

この南側の家々の裏の畑の側を堰が流れていた。その長沼堰が引いた堰は流れるというより、ふだんはほとんど澱んでいた。長助さんの裏の堰に咲く水仙はとても鮮やかだった。真っ黄色な水仙が水際すれすれに咲いていた。イサバ屋の裏の赤スモモは夏になるとたわわに垂れ下がった。

▼真菰《まこも》

堰は深川さんの家の脇の雄物川に通じる桜並木の坂道にそって、一部赤沼に入った。長沼堰から引いたこの堰にはガチギがたくさん生えた。ガチギは真菰が正式名だ。ガチギは菖蒲《しょうぶ》のような形をしているが、菖蒲より淡く柔らかい色をして群生した。水底からどんどん伸びて、秋頃には二メートルほど成長して堰いっぱいに繁茂した。なかには大きな穂をつけるものもあった。

鹿嶋人形はこのガチギを干してつくった。カチギをとってくるのは子どもの仕事だが、カチギの茎のなかの白い芯を子どもたちはよく食べた。家では味噌汁に入れたりもした。鹿嶋の顔は父親が描いた。さまざまな顔があったが、肝心なのはできるだけ厳めしくすることだった。

頭髪は苗《なえ》の根の乾かしたものか、トウモロコシの鬚を載せ、両肩の鎧にはミョウガの葉をあてがった。右手に槍を持たせ、その槍の先は裏の畑からとってきたササギ（サヤエンドウ）を使った。左の腰には雑木の切れ端でつくった刀をさした。肩から腰にかけて吊るす藁でつくったいわゆるショルダーにはアンコをまぶしたつきたての餅を二個ほど入れて、その餅に銅貨を添えた。

左手には旗を持たせ、その旗に筆で「奉納鹿嶋大明神」と書いた。大きな鹿嶋もあり、小さいものもある。平均して四〇センチから五〇センチの背丈が限度だ。夕刻、子どもたちは良い場所を取ろうと、できあがった鹿嶋様をもって神社の境内に急いだ。

神社にはすでに藁でつくった四、五メートルの船が山車《だし》に載せてあった。そして船の中央には、大人の二倍はある鹿嶋が陣取っている。その鹿嶋のしかるべき急所にはなんともいえない巨大なマラが突き立っている。それは子どもたちの驚嘆と失笑の的だった。

夕刻になると鹿嶋を満載した山車が深井と南形を一巡した。山車の二階で笛と太鼓と猥雑な地口の語りに合わせて、一二歳から一五歳前後の女の子が交替で踊り続けた。鹿嶋を積んだ藁船は八幡神社の道を通って雄物川の川原から流された。

翌日には巨根の鹿嶋だけは、秋口まで雄物川橋の袂に立たされた。夏の水浴びの最中に雄物川下流で

鹿嶋様

ネコヤナギに引っ掛かっている数体の鹿嶋を見て、子どもたちはとても嫌な気持ちに襲われるのであった。

3　藤原氏の氏神鹿嶋神宮

▼鹿嶋流し

鹿嶋流しは武人の祭りである。出征の安全祈願の祭りかもしれない。季節からも豊作祈願の祭りであることは間違いない。また厄払いの行事が変化したものかもしれない。しかし、いつ頃、何のために、誰がこの祭りを行ったのであろうか。深井の東方の本荘街道筋にある樽見内の沼で数体の鹿嶋を見た。沼の真ん中にこんもりと樹木が茂った小島があって、その一番太い木に鹿嶋を寄せてあった。

それは流すというよりそこに置いたというような感じである。かつてこの辺りは雄物川の支流であったという。実際、沼の近くを幅一〇メートルほどの川が鍋倉から大宮川堰の方に向かって流れている。その川の底は青々と繁茂した水草が大きく揺れながら滑るように流れているのが不思議だった。

同じ横手盆地内だが、仙北郡の中仙町では田植えがすむと鹿嶋流しをするという。深井の鹿嶋流しと大差はない。同じように西仙北町では旧暦の六月に藁人形をつくって船で流すという。これもほとんど同じだ。鹿嶋流しの行事の分布域はカシマさまと呼ばれる大きな藁人形を村境に立てる行事とも重なっているという。

また災害や悪疫などの災難が村を襲った時、人形をつくって祭り、村境から送り出す神送りの呪法のひとつだという。しかしそれだけの解釈では物足りない。なぜ武人の形をしているのか、なぜ鹿嶋大明神という旗を持たせるのかについて説明ができない。

野本寛一は「聖地と風景――男根」という論文の中で、秋田県山之内田代沢口と岩手県和賀郡湯田町野々宿でカシガ様という四メートル余の巨大な藁人形を見たと紹介している。たしかに私も東京から郷里に帰る途中の国道一〇七号線の湯田町で数回見た。国道一〇七号線は大船渡から北上《きたかみ》を経由して横手から浅舞・深井を通って本荘にいたる太平側と日本海側を結ぶ道路だ。

鹿嶋送りの行事には二種類あるという。疫病と災害を村から送り出すのと邪悪な霊を防ぐ守り神である。柳田国男は『神送りと人形』で鹿嶋の目的は疫病の防衛であったという。茨城県の霞ヶ浦の東岸では、七月九日に真菰《まこも》で二体つくり、その一つに小麦団子をつめた藁苞《わらづと》を背負わせ、鹿嶋・香取・息栖《おきす》と書いた旗を持たせ、子どもたちが集落の境までもっていって焼きすてるという。これも「人形祭」の報告だが、霞ヶ浦湖岸一帯と香取・印旛二郡では、「鹿嶋かんどり戦にこい、戦《いくさ》に負けたら喧嘩にこい」といって人形を竿《さお》の先につけて村中を叫びながら練り歩くという。

大和岩雄は柳田国男の説を紹介しながら、このような東北地方の風習は、鹿嶋の神が船に乗って蝦夷地に進出したことと、その地でも蝦夷人と鹿嶋神をもたらした集団との境界神であったことを暗示していると指摘している。

▼藤原氏の氏神

鹿嶋祭りは茨城県の鹿嶋地方からの影響であることはまず間違いない。鹿嶋神宮は茨城県鹿嶋市にある。鹿嶋神宮は氏神として武甕槌神《たけみかづちのかみ》が祭られている。佐原市にある香取神宮も藤原氏の氏神だが、こちらは経津主神《ふつぬしのかみ》が祭神だ。鹿嶋と香取はセットで造られた。いずれの神も記紀神話では武人で征服の神である。鹿嶋神社の巫女《みこ》は年の豊凶の占いを行って、鹿嶋神人《じにん》が諸国を触れ回り、悪霊退散の神として信仰を集めたといわれる。

春日大社は奈良市三条通りの終点、春日山の麓にある。前面には藤原氏の氏寺興福寺がある。春日大社の祭神として武甕槌神・経津主神・天児屋根命《あまのこやねのみこと》・比売神《ひめかみ》の四柱が祭られている。天児屋根命・比売神は藤原氏の氏寺で大阪の枚岡《ひらおか》神社から勧請されたが、もともと藤原鎌足は鹿嶋に生まれたという説が有力である。

中臣は神託を受けとめる仕事、つまり神の意思を卜事によって伝える職掌についていた。それは戦争と侵略の成否を祈願し占う重要な役柄であった。鎌足の祖先に鹿嶋の神職譜に名前があることからも、生まれた場所はともあれ、中臣氏が神事に関する職掌を担っていたことは間違いなく、鹿嶋地方と深い関係があったことは本当であろう。

この横手盆地の鹿嶋祭りの普及には八幡神社が関係あるだろうか。武神とすれば源義家かもしれない。義家は白河天皇の応徳八年（一〇八六）、後三年の役で沼の柵を攻略することができなかった。一方、清原家衡《いえひら》と武衡が金沢柵に移動したので、義家はこんどは金沢柵を攻撃した。横手盆地一帯は義家のベースキャンプとなった。八幡神社が義家の伝説を残しているのもまったく嘘でないことは確かだ。しかし鹿嶋祭りが頼義・義家親子の河内源氏の系統にいきなりつながるのは無理がある。

それでは奥州藤原氏の清衡・基衡・秀衡・泰衡の時代だろうか。後三年の役終了後に清衡が継父清原武貞から陸奥出羽の支配権を引き継いだ。天皇は後鳥羽（院は後白河）の文治五年（一一八九）に四代目泰衡が義経を裏切り、逃亡先の贄柵《にえのさく》で郎従河田次郎に殺害されるまで、奥州藤原氏はおおよそ九〇年間続いた。この間の奥州藤原氏の秋田県横手地方への政治的・文化的影響はいま一つはっきりしない。

平泉藤原政権は奥羽の大部分を掌握していたとしても、清衡が自ら俘囚の長を自負しているように、統括者としての地位を中央の藤原氏から委任されていたという説が有力である。つまり、東夷の酋長でしかなかった。

清衡自身、亘理権大夫経清の子であったし、亘理権大夫経清は藤原頼遠《よりとお》の子で陸奥守の郎従として下向した武人的貴族であった。経清は頼義によって厨川柵で腐った刀で首を切られた。鹿嶋祭りと藤原氏との関係はないわけではないが、鹿嶋地方から直接的な影響を考えるには材料が少なすぎる。

ちなみに経清の父原頼遠は藤原北家秀郷流と称したと言われている。『尊卑分脈』によると、頼遠は「下総住人・五郎太大夫」とある。その後、陸奥国に下向するがその理由は不明である。

4　源頼朝の御家人小野寺氏

▼御家人制度の定着

文治五年（一一八九）、源頼朝は奥州討伐のために全国から二八万四〇〇〇騎集める総動員体制をとった。それは軍事的に必要な人数ではなく、一種の政治的大デモンストレーションのためであった。頼朝にとっては幕府の地位を不動のものとする号令がどこまで届くか確かめる必要があった。

そればかりでなく奥州の広大な欠所地、つまり持主不在の土地に御家人制度を定着させる必要があった。奥州の広大な土地、つまり持主不在の土地は御家人制度を定着させる上で垂涎の的であった。御家人とは将軍と主従関係を結んだ武士が、土地や地位が安堵《あんど》されることである。安堵とは主人から所領や地位・職分が保証されることである。

小野寺道綱も平家追討などで活躍した下野《しもつけ》御家人の一人であった。下野御家人には足利氏、小山氏、阿曽沼氏、宇都宮氏などがいた。現在の宇都宮市から小山市を中心とする栃木県の南部である。

頼朝の奥州征伐にも従軍したこれらの関東の御家人はそれぞれ奥州領国の所領を与えられた。小野寺道綱に与えられた所領は出羽国雄勝郡であった。道綱は鎌倉に住んでいたが、下野国津賀郡に本領を持っていた。しかし小野寺氏が実際に雄勝郡稲庭に移住したのは道綱四代の孫経道《つねみち》で北条長時の弘長元年（一二六一）前後である。

この小野寺の系図によると遠祖は鎌倉に遡り、各系図も共通しているという。そして藤原不比等から房前《ふささき》・魚名《うおな》・藤成、そして第七代は平将門の乱を平定した藤原秀郷で、道綱は第一四代目の小野寺義寛の子という。否定する根拠もないが、秀郷にいたっては信用できる話ではない。ただ、まったく否定できない繋がりはある。

藤原氏は大化改新（六四五年）の前から常陸地方に根を下ろしていた。武甕槌神を祭神とする鹿嶋神宮は藤原氏がつくった。鹿嶋信仰が広くこの一帯に広がったのは歴史的事実だし、小野寺氏が鹿嶋信仰に傾倒していた可能性はないわけではない。

▼徳川家康の報復措置

雄勝郡稲庭に入った小野寺経道は皆瀬川上流から横手盆地の南部に進出した。孫の道有はさらに雄勝郡・平鹿郡・仙北郡と支配を広げて一族を各地に配置した。横手、湯沢、増田、西馬音内、朝舞、沼館、大森、角館、金沢に居城があった。慶長五年（一六〇〇）の関ヶ原の戦いで、徳川家康は秋田氏・小野寺氏・六郷氏・戸沢氏・本郷氏などに山形最上氏の統制化に入るべく上杉討伐を命じた。しかし小野寺氏のみ家康の意向に逆らい、湯沢・増田の奪回をはかって最上氏と戦った。

家康の改易・厳封という報復措置があったのはいうまでもない。小野寺義道は弟孫五郎兵衛ほか数人とともに石見国津和野城主坂崎氏に預けられ、正保二年（一六四五）将軍徳和家光の時に八〇歳で亡くなった。現在の島根県津和野町である。

小野寺経道の稲庭入部から義道の津和野左遷までの約三四〇年間、小野寺氏は横手盆地のほぼ全域を支配した。その影響は無視できない。小野寺氏が源氏の御家人として八幡神社を戦の神として崇拝したのは当然である

これは伝説の域をでないが、壬寅五年（一〇六二）に京を出発した源頼義・義家父子は立願成就が叶った礼のため沼の柵（現・横手市雄物川町沼館）に向かい、神主二人、獅子、八乙女が陣内に加わり神楽を奏したという。

延久元年（一〇六九）に藤原友利によって矢神八幡の社殿が建立され、義家が獅子頭を寄付したという。観応元年（一三五〇）、秋田城介康長が獅子舞の檀那場《だんなば》として雄勝・平鹿・仙北の三郡を与えた。

檀那場とは霞《かすみ》あるいは霞場とも、熊野や伊勢の御師《おし》のような独占的活動範囲のことをいう。御師は神社など下級の社僧・神官で祈祷・礼拝を行う。熊野や伊勢の御師は有名だ。たぶん横手盆地では八幡

神社を通して獅子舞が定着したのだろう。

稲庭城主小野寺春道は大永五年（五二五）頃、今の雄勝郡稲川町に熊野神社を祭り、熊野信仰にあやかったという。しかしこの獅子舞が小野寺氏によってもたらされことは、確かであったとしても鹿嶋祭りとの関係はよく説明はできない。しかし獅子舞が悪魔祓や怨霊を鎮める呪術的な意味をもっているとすれば、鹿嶋送りの神送り呪法と共通点がないわけではない。

5　清和源氏と桓武平氏の葛藤

▼天皇の直系

徳川家康によって秋田に左遷された佐竹義宣《よしのぶ》は、河内源氏の系統で常陸源氏と呼ばれ、その祖の源義光は源頼義の第三子で義家の弟である。義光は前九年の役には参加しなかったが、後三年の役では義家とともに金沢柵の攻略で活躍し、後に常陸介、甲斐守を歴任した。

義光の子は義業《よしなり》、その子は昌義、その子は秀義、その子は義重である。義重から五代目の貞義は足利尊氏から常陸守護職を任命された。義宣は貞義から一一代目である。河内源氏は遠祖源経基の時代から武蔵介、常陸介、下野守、上野守、甲斐守、鎮守府将軍などの職を得て蝦夷攻略に多大な働きをした。

経基の父貞純親王は清和天皇（在位八五八―八七六）の第六番目の皇子であったので、河内源氏は清和源氏ともいうが、正確には河内古市《ふるいち》に本拠地を置いた源満仲の三男頼信から河内源氏という。経基の子満仲がいまの兵庫県川西にあたる摂津国多田荘に本拠地を置いた。清和源氏でなく陽成源氏という説もある。

清和の子陽成は宮中で殺人事件を起こして退位させられた天皇である。それで一代繰り上げて清和源氏にしたというのだ。かなり信憑性がある説だと源氏の研究家奥富敬之は指摘している。

奥富敬之にならい、ここでは清和源氏で話を進める。桓武天皇には三七人の皇子女がいたが、子の嵯峨天皇には『後宮職員令』に定める后《きさき》以外に五〇人に達する女御がいた。嵯峨天皇の弘仁五年（八一四）五月、これら皇子女三二人に源姓を与えた。賜姓《しせい》源氏の始まりである。

さてその清和源氏は桓武平氏と天皇直系という共通点はあったが、桓武平氏は清和源氏よりも早く関東地方に地盤を築いていた。桓武の祖孫高望王《たかもちおう》は平姓を与えられて上総介《かずさ》として任国に下向していた。桓武平氏の始まりである。当時の上総国は常陸国・上野国《こうずけ》とともに親王任国であった。

親王任国とは天皇の子か兄弟である親王を国守に任じて収入を得させるシステムであるが、本人は任国に下らない遥任という方法が一般的であったが、高望王は任期が終わっても京に帰らず土着した。

武蔵介であった源経基は、平将門の乱などの同族争いを契機に関東地方に勢力争いに食い込もうとしたが、すでに高望王の子で将門の父平良持は鎮守府将軍であったし、伯父国香《くにか》は常陸大掾、伯父良兼《よしかね》は下総介で関東一円に勢力を伸ばしていた。国香の子貞盛は天慶三年（九四〇）に藤原秀郷と組んで父を殺した将門を討った。

平貞盛には維叙《これよし》、維将《これまさ》、維衡《これひら》の三人の子がいたが、維将は北条氏の祖に、維衡は平清盛の祖となった。また貞盛には弟の繁盛がいたが、その子維幹《これもと》は筑波山麓周辺に常陸平氏の基盤を築いた。このように関東地方はとくにその傾向が強かったが、関東にかぎらず貴種の名を持つ天皇の直系は、地方豪族に婿入りする方法で勢力地盤を急激に拡大していった。

今の茨城県那珂川以北に勢力を築いた常陸源氏に対して、南半域に地盤を築いていた桓武平氏の流れをくむ常陸平氏も、当然このような貴種を混ぜ入れて出来上がった大きな勢力であった。しかし、河内源氏の系統に関していえば、義家の子義国系からは下野足利氏と上野の新田氏が成立した。義光の子義業は常陸平氏の重幹の子清幹の娘と婚姻関係を結んだ。義業の子昌義こそ佐竹氏の始祖的存在となった。義業の弟義清から武田氏が生まれた。

▼頼朝の挙兵

後白河院政の安徳天皇庚子四年（一一八〇）八月、頼朝は伊豆で挙兵した。現在の静岡県田方《たがた》郡韮山《にらやま》町である。三島・修繕寺間を走る伊豆箱根鉄道の韮山駅周辺である。ここは北条氏が居住する地であった。永暦元年（一一六〇）三月頼朝は伊豆国田方郡の蛭ヶ小島に流された。

小島というので海のなかの孤島かと錯覚するが、韮山駅の東方一キロの田園のなかにある。さらにそのわずか東に韮山城がある。かつては蛭ヶ小島は狩野川の中州にあったという。韮山一帯は北条のほかに南条、上条、中城という地名がある。北条は律令制下の条里制に由来した地名だという。

東西四キロ、南北二キロのあまり大きくはないこの平野は、平野全体が絶好の城となっている。海と川と山による三重の防壁だ。事実、韮山城は天正一八年（一五九〇）三月の秀吉の猛攻に最後まで陥落しなかった城として知られている。

南北に縦断する狩野川、東は伊豆山地、狩野川の西は低い丘陵が連なっているが、すぐ江浦湾に通じ外海は駿河湾だ。韮山駅から江浦湾まで二キロもない。上りの新幹線に乗っていると三島駅の手前で右座席から異様にモコモコと連なる山々が見えるが、韮山一帯を取り囲んでいる江浦側の山々だろう。

ここがいかに海を巧みに利用できる場所か、実際この地を訪問してみれば一目瞭然である。厚木駅のわずか北西で伊豆山地から流れてきた来光川が狩野川に合流する。伊豆新田《しんでん》駅東の函南《かんなみ》町には東西五〇〇メートル南北三〇〇メートルにわたって横穴群集墳がある。この新田駅の粕谷群集墳に通じる田圃の道から見える富士山はまさに天を突くように大きい。韮山から西の北江間の南面する山の斜面に横穴群集墳が江浦湾の近くまで続く。かつてこの一帯は七世紀前半から開拓の対象になっていたこと物語っている。

この年（庚子四年＝一一八〇年）八月一七日から一八日にかけての真夜中、頼朝は伊豆国目代《もくだい》山木《やまき》兼隆《かねたか》を襲撃した。目代とは、源氏の研究家奥富敬之の指摘によると六波羅平政権の全国支配の末端であるというだけでなく、中央貴族の収奪機関であった。この襲撃の前線指揮は北条時政が行い、頼朝は北条館で待機していたという。頼朝挙兵の頃の東国には常陸の佐竹氏、上野の新田氏、下野の足利氏、信濃の木曽氏、甲斐の武田氏がいた。

いずれも清和源氏の諸流がそれぞれ自立していた。とくに佐竹は平家と呼応しながら背後から頼朝を脅かしていた。頼朝は一〇月富士川の合戦で平維盛《これもり》・忠度《ただのり》を破って一一月二日は常陸に入り佐竹氏を討伐した。佐竹秀義は金砂山城《かなさやま》に籠ったが、弟義季《よしすえ》の裏切りで城は陥落した。秀義はさらに陸奥国の花園城に逃亡した。現在の北茨城の北西、福島県との県境である。

▼地頭職支配

頼朝の佐竹氏征討の主たる目的は、佐竹氏と六波羅平政権との分断であった。頼朝は下野国宇都宮氏の八田知家を守護職に起用して、頼朝の家人として常陸国を再編成していった。奥州藤原氏の征討の布石もあった。

この守護職は後三条天皇（在位一〇六八—一〇七三）の頃から諸国の国衙《こくが》に警備・検察を行う者として設置されたのが始まりだが、源平の争乱の際に頼朝は東国諸国に置いた軍事指揮官の権限に平氏追討のために西国に派遣した追討使の役割と任務をプラスした。

元暦《げんりゃく》元年（一一八四）二月一八日、頼朝は京畿・北陸・西国の占領行政を重視して比企朝宗《ひきともむね》を北陸道の勧農使に、梶原景時《かじわらかげとき》を播磨・美作、土肥実平を備前・備中・備後へそれぞれ近国惣追捕使として派遣した。前年の一月頼朝は後白河法皇から平家追討の宣旨を受けていた。大寺社や天皇家、公家の荘園の回復も主たる目的の一つである。

　ところがこの軍事指揮権をめぐる決定的事件が発生した。この年の八月六日、義経は検非違使尉《けびいしじょう》に任じられた。この検非違使制度は九世紀前半の弘仁年間、八一〇年から八二四年の間にできた制度で、平安京内の警察・司法を管轄した。天皇の直属機関で、別当・佐《すけ》・大少尉《じょう》・大少志《さかん》・府生《しょう》の職員構成があり、その下に看督《かどのおさ》・安主《あんじゅ》・下部《しもべ》などが属した。律令制の刑部省・弾正台や左京職《きょうしき》などもこの検非違使に吸収された。

　義経の検非違使の就任は、頼朝の御家人による地頭職支配のプログラムを根幹から揺さぶるものであったことは言うまでもない。地頭職は中世における荘園や国衙領の役職であったが、のちに鎌倉幕府の御家人はこの地頭職を獲得して領主に変貌したのである。頼朝は占領した敵方の荘園と役職を没収して、地頭職という名の役職をつけて御家人に給与した。

　文治元年（一一八五）一一月、朝廷は地頭職の権限が荘園領主のそれよりも優位にあることを公認せざるを得なかった。頼朝は謀反人の追求と地頭職の補任を徹底していった。頼朝はとくに東国御家人の西国移住を促進した。地頭は治安・犯罪の取締りという警察業務が基本であったが、しだいに徴税・勧農・開発・裁判、寺社などの管理維持まで行うようになった。その権力は絶大なものに成長した。

▼義経の台頭

同文治元年（一一八五）二月一八日午前二時、義経は摂津の渡辺津から船五隻、一五〇騎で四国の阿波椿浦に上陸した。一ノ谷で敗れた平氏の主力部隊が安徳天皇と三種の神器を擁して、淡路の東海岸を南下して鳴門海峡から屋島に入ったからである。

屋島は水軍を得意とする平家にとって瀬戸内海を制する主要な軍事的な拠点であった。義経軍は一八日の夜半にかけて中山峠を越え矢島の安徳内裏の向浦に入って、牟礼の民家を焼いた。義経に背後を急襲された平家軍は戦意を喪失して彦島に移動した。彦島は関門海峡の西口に位置する島である。

義経が出航した渡辺津は、国府《こう》の渡《わたし》、あるいは窪《くぼ》の津ともいわれ、淀川河口の要所であった。ここに居住した渡辺党は水の武士団として滝口に従う武士でもあった。滝口とは内裏の清涼殿の東庭北方にある御溝水《みかわみず》の落ち口のことを指し、そこに詰める武士のことをいう。また七瀬《ななせ》祓《はらい》という天皇に付着した穢《りか》れを負わせた人形を七ヵ所の河岸に流す仕事や、平安京で祓《はら》われたすべての穢れを淀川によって流れ込む津であって、渡辺党はその呪的武威によって穢れを祓う任務を負っていたという。

一ノ谷合戦・矢島の戦による義経の平氏追討の功績は甚大であった。しかし義経の検非違使任官が頼朝の逆鱗にふれたのはいうまでもない。義経の弁明にもかかわらず、頼朝は容赦しなかった。土壇場に追い込まれた義経は文治元年（一一八五）一〇月一八日、後白河法皇から頼朝追討の宣旨を取りつけた。義経は鎮西の地頭まで後白河法皇に要求したという。しかし同年一一月五日には頼朝の激怒にあった後白河法皇は義経追捕の宣を出さざるを得なかった。

▼佐竹氏復活

佐竹貞義の子の義篤・義春が足利直義軍に参加して新田義貞と戦ったのは、建武二年（一三三五）の一一月である。末子の師義は足利尊氏とともに九州まで遠征した。一連の戦功によって貞義は尊氏から守護職を与えられることになった。かつて奥七郡の猛者《もさ》といわれたその奥七郡の支配地もほぼ回復した。奥七郡とは多可《たか》・久慈西・佐都東・那珂東・那珂西のそれぞれである。秀義が家人として頼朝の奥州征伐に動員させられてから約一四〇年も経過していた。

後醍醐天皇が目指したのは天皇が直接統治する中央政権的な地方行政組織であった。それは幕府以来の守護制度を否定し、国司制度を復活することであった。問題は平安時代から踏襲されてきた知行国制度であった。知行制度とは上流貴族や皇族が、一族や近臣を国司に推薦して自分は知行国主としてその国からの収益を獲得することである。それは制度というより、慣習であり律令に反する悪習であった。

知行という語源そのものが、職務をとりおこなうという意味であり、それが職務に付随した取り分をも意味するようになった。天皇家や寺社にも広く知行権が与えられるようになった。当然、鎌倉幕府成立後は、武士や貴族の重要な経済基盤となった。この知行制は主君と家臣との主従関係、土地支配においては領主と知行の関係を規定した。

この知行制度は織豊政権で整備され、江戸幕府に継承された。しかし後醍醐天皇の試みはうまくいくはずはなかった。武士は既得権を手放さず、有力貴族や大寺院は喜ぶはずはなかった。南北朝の動乱期に詳しい伊藤喜良《きよし》によると、中院家《なかのいんけ》（村上源氏久我家支流にあたる公家・華族）は五代にわたって上野国を支配し、西園寺家は四代にわたって伊予国を相伝してきたという（『中世奥羽の世界』）。

南北朝動乱は奥羽と関東の対立、関東をめぐる清和源氏諸流の足利氏と新田氏の主導権争い、武士の棟梁を目指す足利氏と天皇専制を目指す後醍醐との政権獲得の争いであった。後醍醐は鎌倉北条によって蹂躙された奥羽地方の反幕府、反関東の意識を利用した。

事実、義良《のりよし》親王（後村上天皇）をトップに北畠顕家を陸奥守とする奥州の支配と統治を構想した陸奥国府が正慶二年（一三三三）に実現した。遠藤巖に言わせれば、それは中央政権的地方を要とした国司制度の一環であった。その国司は特別国司であった（『中世奥羽の世界』）。

▼太閤検地

文禄三年（一五九四）一〇月から一二月にかけて豊臣秀吉による全国的な検地が行われた。佐竹領は石田三成が責任者であった。文禄四年六月に佐竹義宣は秀吉から五四万八〇〇〇石をあてがわれた。石田三成は関東・奥羽の諸大名に取り次ぐ秀吉の奉行人であった。秀吉は「関東・奥羽惣無事令」という秀吉の命令を、関東・奥羽に執達する権限を徳川家康に与えていた。

秀吉の命令は富田知信と石田三成を通して家康に伝えることになっていた。命令は文書でなされ、惣無事令に違反すれば成敗するという厳しいものであった。それは関東・奥羽の動揺・反乱に対して家康に責任をとらせる方法であった。実際、家康は伊達氏と蘆名《あしな》氏・佐竹氏との間に起こった紛争に苦慮した。

太閤検地は土地制度の改革であった。この試みは秀吉の天下統一と並行して行われ、秀吉の絶大なる権力によってはじめて可能になった。慶長八年（一五九八）の史料では日本全国の総石高は、約一八五〇万石で秀吉の庫入地《くらいりち》は約一二％にあたる二二〇万石であった。庫入地とは直轄地のことである。江戸幕府の家康は四〇〇万石であった。

全国六六ヵ国のなかで目立ったものをあげると次のようになる。畿内ではトップの大和で四五万石、東海道では伊勢五七万石、尾張五七万、武蔵六七万、常陸五三万、東山道では近江七六万、陸奥一六七万、出羽三二万、北陸道では越前五〇万、加賀三六万、備前・備中・備後で合計五九万、南海道で紀伊の二四万、伊予の三四万、西海道で筑前・筑後で六〇万、豊前・豊後で五六万、薩摩で二八万石である。

検地は村ごとに行われたが、まず田品《でんぴん》、田地の所在地、面積、石高、作人に分けられ、田品は田畠《でんはた》とも上・中・下に分けられた。面積は曲尺六尺三寸の一間竿で計られた。一間四方を一歩、三〇歩を一畝で一反、一〇反で一町になる。石高は田品ごとに前もって決められていた。田畠一反あたりの米の数量、これを斗代といったが、その斗代に面積を乗じて算出した。一石は一枡《ます》で一〇〇合である。

枡の容量は大宝令で決められていたが、平安時代以降いろいろな大きさの違う枡が現れた。京枡が使用されるまでは、後三条天皇が延久四年（一〇七二）に決めた宣旨枡という枡が南北朝まで京都を中心に使用されていた。

しかし、それぞれの荘園では種々の枡が使われていた。勺《しゃく》は合の十分の一である。京枡は秀吉が太閤検地の時の基本単位とした。京都中心に商業枡として使われて京都十合枡が、永禄六年（一五六八）織田信長によって公定枡となった。寛文九年（一六六九）幕府は縦横四寸九分、深さ二寸七分の京枡を基準とした。この枡は維新後の明治八年（一八七五）に廃止された。

▼国替《くにがえ》

慶長六年（一六〇一）八月、小野寺義道は上杉方に与《くみ》した罪で改易された。改易とは土地を没収され、武士身分を剥奪されることである。家長・嫡男に適用される。慶長七年、家康は秋田・戸沢・六郷・本堂などの諸大名を常陸に移した。慶長八年には仁賀保氏と打越氏も常陸に移した。

これらの領地に最上領であった雄勝の一部を加えて、常陸から移した佐竹義宣に与えた。秋田実季《さねすえ》が常陸の宍戸《ししど》（今の西茨城郡友部町である）へ、戸沢政盛が常陸の松岡に、六郷政乗が常陸の那珂へ、本堂氏が常陸の志筑に、仁賀保氏が常陸の武田に転封された。佐竹義宣の得た領地は、現在の南秋田郡・北秋田郡・山本郡・河辺郡に加え、雄勝郡・平鹿郡・仙北郡であった。

佐竹義宣の国替の最大の理由は、関ヶ原の戦いで中立を保ったということである。義宣は移封の命令を慶長七年（一六〇二）五月八日に京都の伏見邸で受け取った。家康は佐竹の反乱を警戒し、義宣を京都に幽閉した。家康の朱印状が交付されたのは七月二七日であった。それには知行の石高が明示されていなかった。

前領主秋田氏の湊城に到着したのは九月一七日であった。義宣の父義重はすでに六郷に到着していた。義宣の従者はわずか九三騎であった。しかしここでいう九三騎とは譜代九三家のことで、一騎は二〇名から五〇名の集団を成す。佐竹氏の石高が二〇万石と決定したのは、二代目義隆の寛文四年（一六六四）のことであった。

第2章　雄勝城の所在地

1　横手盆地

▼雄物川

雄勝城の所在は今もはっきりしていない。秋田県仙北郡仙北町払田《ほった》にある払田柵跡と秋田県雄勝郡羽後町足田《たらだ》遺跡の二つの説が有力である。いずれの遺跡も横手盆地内にあるが、横手盆地の南北対極の位置にある湯沢と大曲に近い。日本海に面した西の出羽丘陵と東の奥羽山脈が卵の形に盆地を取り囲んでいる。南が湯沢市で北が大曲市だ。

新庄（山形）から雄勝峠を越えた奥羽本線は、院内、横堀を過ぎると谷間に見え隠れする雄物川の細い急な流れに沿って一直線に峠を下る。線路と車輪が織りなす振動と響きはリズミカルで軽快だ。車窓の左側に広がっていく田園風景と、しだいに遠く離れていく出羽丘陵の低いなだらかな山並みが横手盆地を実際より大きく感じさせる。

六月頃の水田が素晴らしい。人と自然がつくりだした広大な緑と青のコンビネーションは見る者の心を落ち着かせる。右手の車窓からは奥羽山脈の褶曲した尾根の裾野が近よったり、遠のいたりしながら素早く過ぎ去っていく。急行だと湯沢から大曲まで、距離にして三七キロ、十文字、湯沢、横手に停車して、後三年、飯詰など止まらずあっという間に大曲駅に着く。

雄物川は出羽丘陵に沿って北流して、川と線路は大曲で一緒になる。田沢湖の奥地に水源をもつ玉川は角館の近くを流れ下り、大曲の北西二キロの辺りで雄物川に合流する。田沢湖線も一緒だ。

秋田駅方面から奥羽本線の電車に乗ると神宮寺駅を過ぎた辺りで、進行方向右前方に突然偉容をもって盛り上がった山が見えてくる。それまで車窓から見慣れた田園風景とは打って変わって、荒海が打ち寄せる岸壁のように高く不気味だ。神宮寺岳だ。

北東から神宮寺岳に向かって流れてくる玉川は水量も豊富だ。まるで雄物川の流れを遮るかのようだ。夕刻になって霧の中に見える黒々としたこの山の麓で玉川と雄物川が逆巻く川面は何か恐ろしい。雄物川は玉川の勢いにおされて、北から西の急角度に方向を変え、神宮寺岳の裾野を巻くように横手盆地から秋田平野に流れる。

2　藤原麻呂の奏上と大野東人

▼藤原麻呂の奏上

天応九年（七三七）四月一四日、陸奥国に派遣されていた征夷大使で従位三位の藤原朝臣麻呂から連絡があった。藤原麻呂は藤原不比等の子で四兄弟の末弟である。この年の正月陸奥按察使の大野東人《あずまひと》から、陸奥国から出羽柵に至るには、雄勝を通らなければならない。雄勝村を征伐して直路を開きたいという申請が届いた。

そこで政府は正月二三日に持節大使の藤原麻呂に副使の正五位佐伯豊人、常陸守で従五位の坂本宇頭《うず》麻佐《まさ》などを同行させ陸奥国に向かわせた。すでに天平五年（七三三）には出羽柵を雄物川河口北岸の秋田村の高清水岡に移していた。また雄勝村に郡を建て住まわせていた。

秋田村に移る前の出羽の作は最上川河口酒田付近にあった。大化三年（六四七）頃から新潟県阿賀野川河口の渟足柵《ぬたりのき》、村上市の磐船柵へと日本海沿岸を北上して、和銅元年（七〇八）には庄内地方が越後国出羽郡とされていた。和銅七年（七一二）には越後国出羽郡から出羽国が建てられ、陸奥国から置賜・最上の二郡が加えられた。酒田近辺の出羽柵はこの頃造られた。『続日本紀』にも六九〇年代から越後の蝦夷の記事がさかんに登場してくる。

大野東人が雄勝村を征圧したいというのであるから、『続日本紀』に記されている天平五年（七三三）

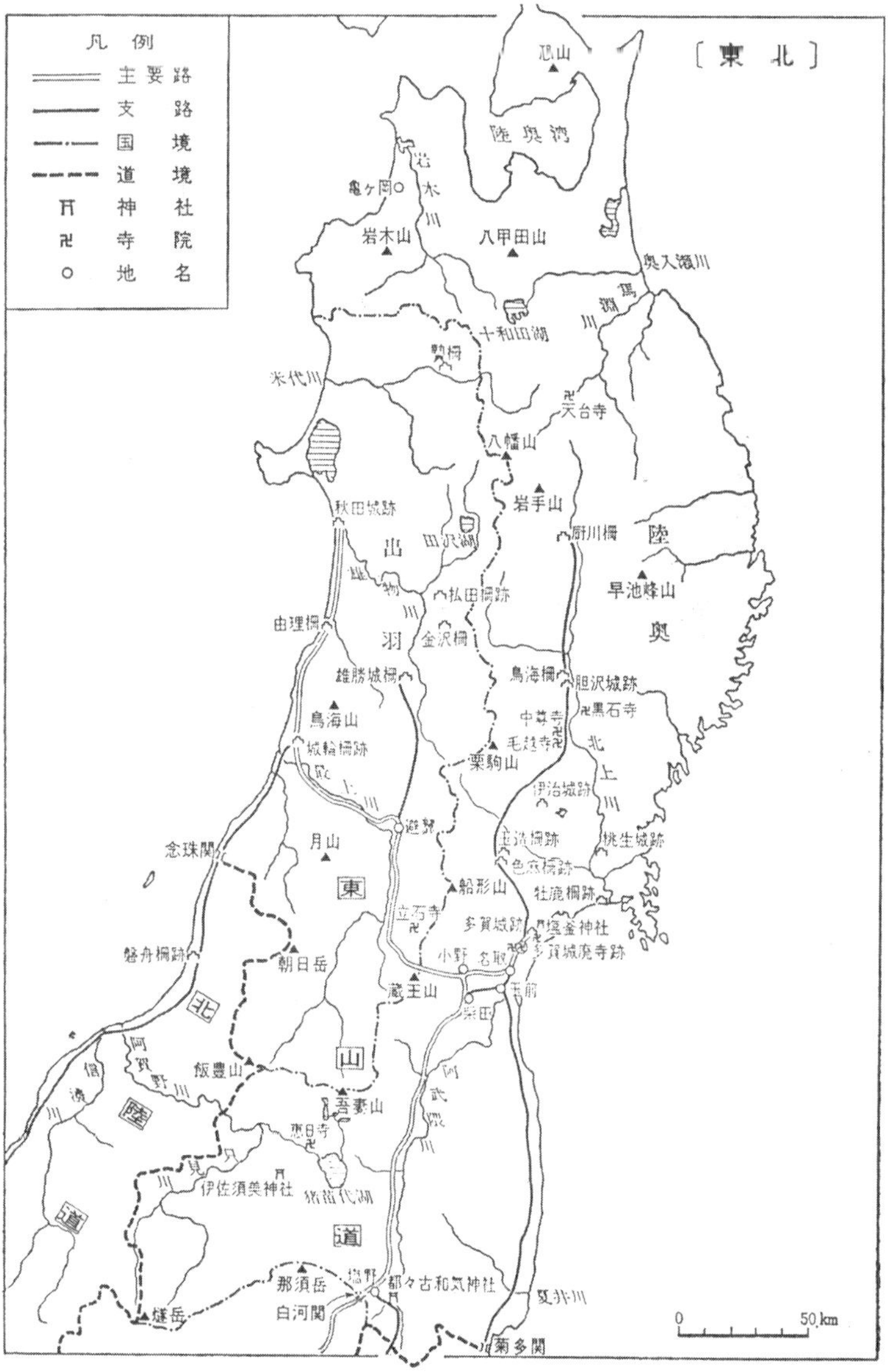

東北古代地図（遠藤元男『日本古代史辞典』より）

の雄勝村の建郡はうまくいかなかったのだろう。『続日本紀』聖武天皇天平九年（七三七）四月一四日条によれば、藤原麻呂の奏上の内容は次のようにかなり詳細なものであった。

去る二月一九日に陸奥国多賀の柵《き》（宮城県多賀市にあり、蝦夷経営の拠点）に到着した。鎮守府将軍の大野東人と協議して、常陸・上総《かずさ》・下総《しもふさ》・武蔵・上野《こうずけ》・下野《しもつけ》など六国の騎兵、総計一〇〇〇人を動員して山中と海沿の両道を開かせたが、夷狄《いてき》はみな疑いと恐れの念を抱いている。

そこで農耕に従事している蝦夷で遠田郡の郡領で外従七位上の遠田君雄人を海沿の道に、帰順した蝦夷の和我君計安塁《わがきみけあるい》を山中の道に派遣して遣使の趣旨を告げてなだめ諭した。そして勇敢でたくましい者一九六人を大野東人将軍に委ね、四五九人を玉造などの五つの柵に配属した。

麻呂は残りの三四五人を率いて多賀柵を守護して、副使従五位上の坂本朝臣宇頭麻佐は玉造柵を守備し、判官正六位上の大伴宿禰美濃麻呂は新田の柵（宮城県遠田郡田尻町）を、陸奥国の大掾・正七位下の日下部宿禰大麻呂は牡鹿の柵（宮城県桃生郡矢本町赤井星場）を守備し、その他の柵は従来どおりに鎮守しております。

二月二五日に将軍東人が多賀の柵を進発しました。三月一日、東人は配下の判官・従位上の紀朝臣武良士《むらじ》ら委《ゆだ》ねられていた騎兵一九六人、鎮守府の兵四九九人、陸奥国の兵五〇〇〇人、帰順した蝦夷二四九人を率いて、管内の色麻《しかま》の柵（宮城県加美郡中新田城生）を発し、その日のうちに出羽国大室駅（山形尾花沢市）に到着しました。

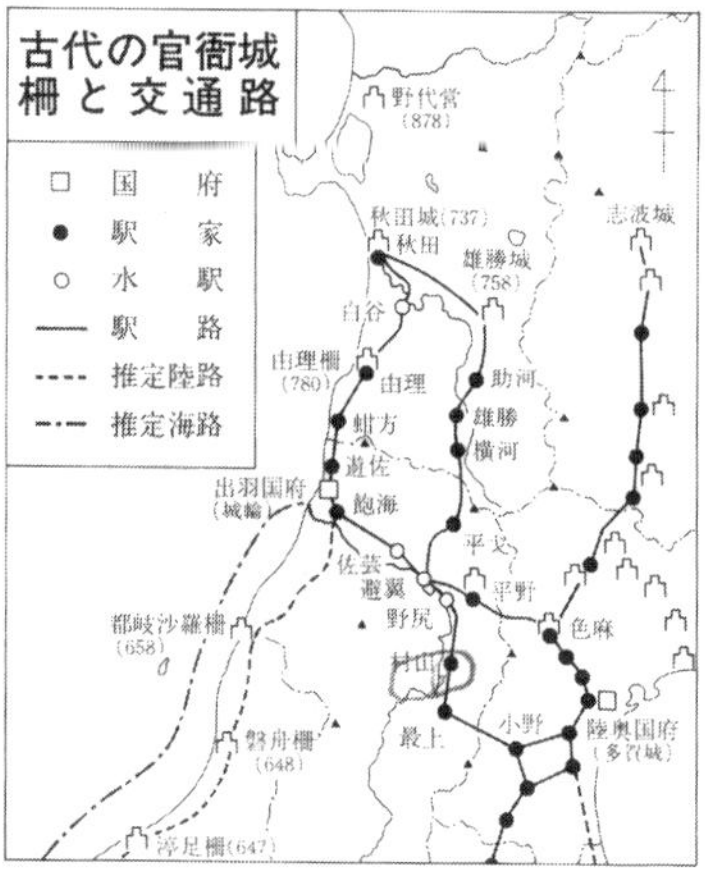

出羽の国守で正六位下の田辺史難波《たなべのふひとなにわ》は、管内の兵五〇〇人と、帰順した夷狄一四〇人を率い、この大室駅に滞在し待機すること三日で、将軍東人の軍と合流して賊地に入り、道を開拓しながら行軍しました。ただ賊地は雪が深く秣《まぐさ》が得がたく、そのため雪が消え、草が生えるのを待って、また改めて軍を進めることにしました。同月一一日、将軍東人が引き返して多賀の柵に帰還しました。

東人が自ら指導して新たに開通させた道は全長一六〇里です。その間石を砕いたり樹を切ったり、或いは谷を埋め、峯を越えて進みました。賀美郡から出羽国玉野に至る八〇里は、すべて山野で地形は険しいとはいえ、人馬は往来に大きな困難はありません。

玉野から賊地の比羅保許山《ひらほこやま》に至る八〇里は、地勢は平坦で危うく険しいところはありません。帰順した夷狄らのいうところでは、比羅保許山から雄勝村に至る五〇里あまりは、また平坦地です。ただ二つの河があって、増水するたびに両所とも船を用いて渡るといいます。

四月四日、わが軍は賊地内の比羅保許山に駐屯しました。これより先に田辺史難波の書状がきて、「雄勝村の服従した蝦夷の長ら三人が来て拝首していうのに、〝官軍が我々の村に入ろうとされていると承ります。不安にたえられず降伏を請うためにやってきました〟といっております」と伝えてきました。

しかし東人は「投降の夷狄はたいそう悪だくみが多く、言うことはよく変わる。たやすく信用できない。重ねてまた帰順を申し出てきたなら、その時相談しようと」と言いました。それに対して難波は建議して、「軍勢を進めて賊地に入るのは、夷狄を教え諭し、城柵を築いて人民を移し住まわせるためです。何も兵を帰順する者を傷つけ殺そうというのではありません。もし投降の願いを許さず、無視して直ちに進攻したならば、帰順した者たちも恐れ恨んで山野に逋走するでしょう。それでは労多くして巧少なく、恐らく上策ではないでしょう。今回は官軍の威力を示しておいて、この地から引き揚げるにしくはないでしょう。このあとで難波が帰順の有利なことを諭し、寛大なめぐみで懐《なつ》かせましょう。そうすれば城郭も守り易く、人民も永く安らかになるでしょう」といったので、東人はもっともであると考え直しました。

また東人の本来の計画では、早く賊地に入って耕作し、穀物を貯え、兵糧運搬の費用を省こうということでありました。しかし今春は例年に倍する大雪が降り、これによって、早期に耕種することができなくなりました。天の与えた時がこのようなので、もとの考えのようには参りません。いったい城郭を運営することぐらいは一気にできます。しかし城を守るには人間であり、人間をとどめるには食糧が必要です。耕作の時期を失えば、何を兵士に給することができましょうか。さらに兵という者は、利を見て動き、利益がなければ行動しません。それ故、軍を引き揚げて一旦帰り、今後を待って始めて城郭を造りましょう。

ただし東人は自ら賊地に侵攻するため、将軍として多賀の柵を守備する計画を請うています。しかし今新道はすでに開通し、地形を直接に視察しましたので、後年になって東人が自ら攻め入りことをしなくとも、事は成就させることができます。
臣下の麻呂は愚かで事情に明るくはありませんが、東人は久しく将軍として辺要の地にあり、作戦が適中しなかったことはありません。のみならず自ら賊軍の地に臨み、その形勢を察して深謀遠慮の上で、このような作戦を企てました。そこで謹んで事の次第を記し、勅裁をお伺い致します。ただ、この頃は情勢も平穏で、農作物の時節にも当たっておりますので、徴発した兵士は一旦帰農させ、その一方で以上のような奏上を致します次第であります。

以上のような報告をした藤原麻呂もこの年の七月一三日、天然痘で死んだ。兄の房前は四月、長男の武智麻呂は七月二三日、同じく不比等の第三子の宇合も八月五日に天然痘で死んだ。恐るべき天然痘の威力である。

3　作戦はなぜ中止されたか

▼作戦はなぜ中止されたか

大野東人は壬申の乱で活躍した大野果安《はたやす》の子である。東人は天平元年（七二九）九月に陸奥鎮守将軍として在兵の待遇改善を朝廷に申請している。神亀元年（七二四）三月に陸奥大掾の佐伯児屋麻呂が殺害された時に持節大将軍として派遣された藤原宇合に同行して実績を上げ、鎮守府将軍の任についたのであろう。天平二年（七二五）に宇合たちとともに勲位を授けられているからである。東人は従五位下から従五位上に、征夷副将軍の高橋安麻呂は従五位から正五位下に上がった。天平九年（七三七）に雄勝村侵攻に同行した坂本宇頭麻佐、出羽国田辺難波の名も上がっている。この勲位は蝦夷攻略に実績があった者を中心に授与されたことがわかる。

大野東人が天平一二年（七四〇）九月藤原博嗣の乱の追討大将軍として任命されたときは、従四位上であった。そして天平一三年（七四一）三月には平城京の留守官として聖武天皇から五位以上の者は平城京にとどまらせてはならないという命令を受けていた。聖武の彷徨が始まる頃であった。留守官当時の東人の位は参議で従三位であった。その年の一一月二日東人は亡くなった。

石渡信一郎は、大野東人の雄勝村征圧の作戦中止は大雪が原因になっているが、それはおかしなことだと指摘する。東人は賊地の雪が深いことを知り、三月一日の時点で、作戦行動が大幅に遅れていることを予想できたはずである。それにもかかわらず、四月四日に比羅保許山の南まで軍を進めたのは、この時点では東人はまだ雄勝征圧が可能だとみていたにちがいない。大雪による作戦行動の大幅な遅れは問題ではなかったのである。たしかに麻呂の報告も曖昧でわざとぼかしていてわかりにくい部分がある。

ではなぜ作戦は中止されたのか。雄勝の蝦夷の強力な反撃が予想されたからである。前にも述べたが、神護慶雲元年（七六七）に志波の蝦夷が横手盆地で出羽国の軍と戦い、これを撃退したほどなので、天平九年（七三七）に東人の軍が横手盆地に入ったら雄勝地方の蝦夷と志波地方の蝦夷の連合軍に撃破される可能性が十分あったからである。

田辺史難波が実際に進言した内容も、侵攻軍が横手盆地に入ったら撃破される心配があるということであった。雄勝の蝦夷が強力であったことは、雄勝城の完成がこの時から二〇年後の天平宝字三年（七五九）であったことや、天平宝字四年の正月の天皇の言葉が聖武天皇の時に雄勝城を造ろうとしたが、その実現がなかなか難しくて、前任の将軍は困窮したという内容であったことからも理解できる。

4　羽後街道

▼羽後街道

国道三四七号線は中羽前街道ともいい、奥羽山脈を横切って尾花沢市と古川市と東西に結ぶ。中新田町の東側を羽後街道が蛇行はしているが、ほぼ一直線に南北に走っている。町の南端を鳴瀬川が流れる。橋を南に渡ると色麻《しかま》町に入る。町の奥の丘陵地帯に色麻柵がある。色麻柵の南方から流れる花川を渡って羽後街道は黒川郡大和町で国道四号線につながる。陸羽街道ともいう。仙台まで三〇キロはある。

中新田から八キロほど北上すると岩出山町で陸羽東線と国道四号線と一諸になる。陸羽東線は新庄・

小牛田間《こごた》九五キロの距離だ。岩出山町で陸羽東線を横切り、江合川の渡り、二キロ先で四七号線に入る。この辺りに要害という地名がある。四七号線から北のこの道路は北東に大きくカーブして日向要害というところでまた北に方向を変え、一迫《いちのはざま》町から栗駒町に到達する。要害という地名が散在するのが興味津々だ。

東北自動車道の古川インターを降りて国道四七号線をひたすら北西方向に走ると鳴子町に入る。途中、左右に広がるなだらかな丘陵台地が美しい。ときおり縄文遺跡や横穴群の風雨で文字のかすれた標識が道路際に立っている。

江合川左岸には川北横穴群や旧石器時代からの座散乱木《ざざらぎ》遺跡がある。岩出山町の前で江合川にかかる橋を渡り、西岩出町駅の手前で陸羽東線と交差する。川は荒雄川ともいう。線路を右に川を左手にほぼ平行に一〇キロほど走ると川渡《かわたび》というところで江合川と入れかわる。こんどは川が真ん中になる。

東鳴子駅の先で狭い道を右に急カーブして線路のガード下を通り抜けると江合川にいきなりぶつかる。陸羽東線を左に荒雄川を右に少し走ると道路は二手にわかれる。荒雄川にかかる橋を渡らず直進すると新庄方面に行く。北羽前街道という。右折して橋を渡ると国道一〇八号線になる。蛇行する登り道を走り切ると、巨大なダムの満々と水を蓄えた荒雄川湖を一望できる峠の広場で一休みだ。もう鬼首峠は近い。

明治三三年（一九〇〇）に生まれ、農務官僚から曹達会社（苛性ソーダの会社）を興して成功した山田秀三はアイヌ語の研究にも大きな業績を残した。山田氏も大野東人の遠征路を探った。山田秀三は「オニ」に始まり、「べ」に終わる形がいかにもアイヌ語の匂いがすると語っている。

荒雄山の西南山麓の道のアップダウンを繰り返しながら、峠を越えていく。一度、荒雄山を一周する細い道に迷い込んだことがあったが、東南山麓の鬱蒼とした原生林だ。頭上高く生い茂るブナやナラやケヤキの林の中を車は快走する。晴れた日の新緑の頃が強烈だ。宮城県と秋田県を結ぶ最短距離だ。峠を越えると一直線の下り道となって秋の宮辺りから役内川とともに雄勝町に入る。役内川は雄物川の一番口の支流だ。横堀駅も近い。

宮城県内からもう一本横手盆地に入る道がある。羽後街道の北を走る国道三九八号線だ。三陸の志津町から北上川を西に渡り迫川に沿った道路は、築館町で国道四号線と交差して一迫町、花山村を経て荒雄山の北を北東に走り、栗駒山の西麓の峠を越えて皆瀬川の上流にいたる。

この道は秋田の稲川町、十文字町に至る。岩手県一関からの西の国道三四二号線は厳美渓《げんびけい》から磐井川を上って須川温泉に至るコースだ。急で蛇行の激しい坂道が峠まで続く。東成瀬村で水沢市から国道三九七号線と交わって進路を西に変え、増田町を通り十文字町に着く。現在、この国道三四二号線は須川温泉の辺りからわかれる栗駒有料道路で国道三九八号線と結ばれている。

5　伊治《これはる》公呰麻呂《あざまろ》の反乱

▼紀朝臣広純の殺害

呰麻呂《あざまろ》が反乱を起こして按察使《あぜちし》紀広純《きのひろずみ》を殺害した伊治町は、宮城県栗原郡築館町城生野《じょうの》にある。築館町から四キロ北の国道四号線沿いだ。栗駒山からのびる尾根の間を北から一迫《いちのはざま》川、二迫川、三迫川が流れる。

『続日本紀』光仁天皇宝亀七年（七七六）二月六日条に次のように記されている。陸奥国が言上して「来る四月上旬を期して兵士二万人を発動させて、山海二道（陸奥と出羽）の賊を討つべきである」と言った。そこで出羽国に勅して兵士四〇〇〇人を動員させ、雄勝の道から出て陸奥の西辺の賊を討たせた。

するとこの記事から光仁天皇が陸奥国の蝦夷を攻略するため、出羽の雄勝から兵四〇〇〇人を集め、山道の蝦夷の西辺を攻撃させようとしたことが理解できる。しかし同年五月二日の記事によると出羽国志波村（現在の盛岡市周辺）の蝦夷が反逆して出羽国と戦った。官軍は不利であった。下総・下野・常陸などの国の騎兵を発動してこれを討たせたとある。

さらに同年九月一三日条には陸奥国の俘囚（帰順した蝦夷）三九五人を大宰府管轄内（西海道）の諸国に分配したとあり、また同一〇月一一日条には陸奥国は多くの蝦夷征討の戦いを経ていて、人民は疲弊しているので今年の田租を免除したとある。さらに同一一月二六日条に陸奥国の軍三〇〇〇人を発動して、胆沢（岩手県水沢市・胆沢村町）の賊を討たせたとある。

同年一一月二九日、出羽国の俘囚三五八人を大宰府管轄内や讃岐国に分配した。七八人は諸官吏や参議以上の貴族に分け与えて賤民とした。同年一二月一四日、陸奥国の諸郡の人々から奥地の郡の守りに当たる者を募集して、すぐにその地に定着させ、彼らの租税を三年免じている。

宝亀八年（七七七）三月陸奥の蝦夷で投降する者が相次いだ。同年九月二日条によると相模・武蔵・下総・下野・越後の各国に命じて、甲《よろい》二百領を出羽国の砦や兵舎に送らせた。

同年五月二七日陸奥守従五位下の紀朝臣広純に陸奥按察使を兼任させた。同年九月一五日陸奥国が「今年四月に国を挙げて軍を発動し、山海の両賊（太平洋側と日本海側の蝦夷）を討ちましたので、国中があわただしく、人民は難儀して苦しんでいます。それで今年の調・庸と田租を免除していただき、人民を休息させることを切にお願い申し上げます」と、言上した。

同年一二月一四日、初め陸奥国の鎮守将軍である紀朝臣広純が「志波村《しわ》」の賊（蝦夷）が蟻のように結集してやりたい放題にわるいことをしました。出羽軍が戦いましたが敗れて退却しました」と言った。それで、近江介従五位上佐伯宿禰久良麻呂を鎮守副将軍に任じて、出羽国を鎮圧させた。同年一二月二六日、出羽国の蝦夷の賊が反逆した。官軍に不利で武器の損失があった。

光仁天皇宝亀九年（七七九）六月二五日、陸奥・出羽国の国司以下の者で、蝦夷征戦に軍功のあった二二六〇人に位を賜った。按察使正五位下勲五等の紀朝臣広純に従四位下勲四等、鎮守権副将軍従五位

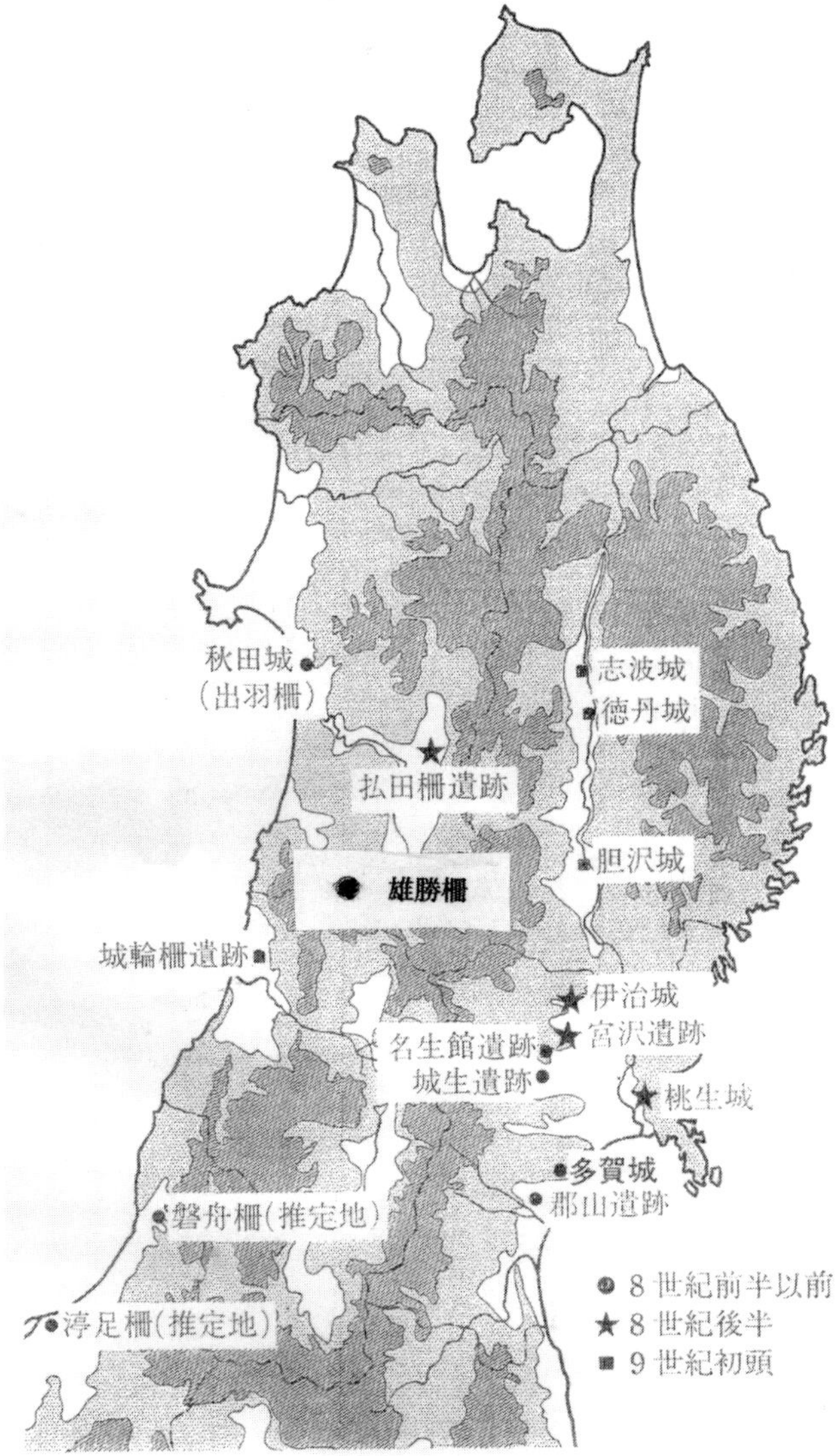
秋田城
（出羽柵）
志波城
徳丹城
払田柵遺跡
胆沢城
雄勝柵
城輪柵遺跡
伊治城
宮沢遺跡
名生館遺跡
城生遺跡
桃生城
多賀城
郡山遺跡
磐舟柵（推定地）
渟足柵（推定地）
8 世紀前半以前
8 世紀後半
9 世紀初頭

東北の諸城柵

上勲七等佐伯宿禰久良麻呂にそれぞれ外従五位下勲五等、外正六位上の吉弥候伊佐西古《きみこのいせさこ》と第二等の伊治公呰麻呂にそれぞれ外従五位下、勲六等の百済王俊哲《くだらのこにきししゅんてつ》に勲五等を授けた。その他の人々への叙位はそれぞれ差があった。位を賜らなかった人は禄を賜ったが、やはりそれぞれ差があった。戦死した父の子にも例によって叙位された。同年一二月二六日、陸奥国・出羽国に命じて蝦夷二〇人を召した。唐客が拝朝する時に儀仗兵にしようとするためである。

宝亀一一年（七八〇）三月二二日、陸奥国上治郡《かみじ》（伊治郡）の大領外従五位下の伊治公呰麻呂《これはる》が反乱を起こし、徒衆を率いて按察使参議従四位下の紀朝臣広純を伊治の城で殺した。広純は大納言中務卿《なかつかさ》兼任正三位の紀朝臣麻呂の孫、左衛士監一四下の宇美の子である。宝亀年中に地方官をにつき陸奥守に任じられ、ついで按察使に転任した。職務にあって、政務をみることに有能と称された。

伊治公呰麻呂は俘囚（帰服した蝦夷）の子孫である。初めは事情があって広純を嫌うことがあったが、呰麻呂は恨みを隠し、広純に媚び仕えるふりをした。広純はたいそう彼を信用して特に気を許した。また牡鹿郡の大領の道嶋大楯は同じ蝦夷出身でありながら、常に呰麻呂を見下げあなどり、蝦夷としてあつかった。呰麻呂はこれを深く根に持っていた。

時に広純は建議して覚鱉城《かくべつじょう》の砦を造り、警備衛兵や斥候を遠くに配置した。そして蝦夷軍を率いて伊治城に入った時、大楯と呰麻呂は共に従っていた。ここで呰麻呂はひそかに敵に通じ、蝦夷の軍を導き誘って反乱を起こした。まず大楯を殺し、徒衆を率いて按察使の広純を囲み、改めてこれを殺害した。ただ一人陸奥介の大伴宿禰真綱《まつな》のみ、囲みの一角を開いて出し、多賀城（宮城県多賀市）に護送した。

多賀城は長年、陸奥国司の治めている所で、兵器や食糧の貯えは数えきれないほどであった。城下の人民は競って城中に入り保護を求めた。

ところが陸奥介の真綱と石川浄足《きよたり》はひそかに後門より逃走した。結局、人民はよりどころなくして、たちまち散り散りに去っていった。数日して賊徒が多賀城に至り、将軍のものを争って取り、重いものも残らず持ち去った。後に残ったものは火を放って焼いた。

6　蝦夷征討三八年戦争

▼藤原継縄征東大使に着任

宝亀年一一年（七八〇）三月二八日、中納言従三位の藤原朝臣継縄《つぐただ》（藤原南家の祖である左大臣・藤原武智麻呂の孫）を征東大使に任じ、正五位上の大伴宿禰益立、従五位上の紀朝臣古佐美《こさみ》を征東副使に任じた。判官《じょう》・主典《さかん》はそれぞれ四人である。同年三月二九日、従五位上の安倍朝臣家麻呂を出羽鎮狄将軍に任じた。軍監・軍曹はそれぞれ二人である。征東副使正五位上の大伴宿禰益立に陸奥守を兼任させた。

同年五月一一日、光仁天皇は次のように勅した。「渡嶋の蝦夷が以前に誠意を尽くして来朝して、貢献してからやや久しくなる。まさに今、俘囚（帰服した蝦夷）は反逆を起こし、辺境の民を侵し騒がせている。出羽鎮狄将軍や国司は渡嶋の蝦夷に饗宴を賜る日に、心がけて彼らをねぎらい諭すようにせよ」。

さらに同年五月一四日、光仁天皇は「軍事上重要な備えは欠いてはならない。坂東《ばんどう》諸国や能登・越中・越後に命じて、糒《ほしいい》三万石を備えさせよ。飯を炊いて天日に乾かすには限度があるから、損失のないようにせよ」と勅し、さらに翌々日には次のように勅した。

狂暴な賊徒が平和を乱して辺境を侵犯し騒がせているが、のろし台は信頼できず。斥候は見張りを誤っている。いま、征東使と鎮狄将軍を遣わして別々の道から征討させている。日を定めて大軍を終結させるからには、当然のこととして文官と武官は謀議を尽くし、将軍は力を尽くしてよこしまなことを企てる者を刈り平らげ、元凶を誅殺すべきである。

広く進士（従軍勇気を奮い励み）を募り、素早く軍営に送るようにせよ。もし機会を得たことに感激して、忠義勇気を奮い励み、自らの力を尽くすことを願う者があれば、特に名を記録してまつれ。平定の後に異例の抜擢を行うであろう。

同年六月八日、従五位上の百済王俊哲を陸奥鎮守副将軍に任じ、従五位下の多治比真人宇佐美を陸奥守に任じた。同年六月二八日、天皇は陸奥待節副将軍の大伴宿禰益立に次のように勅した。

将軍らは去る五月八日に書を「兵糧の準備をしながら賊の様子をうかがい、まさに今月下旬を以って陸奥国府に進み入り、その後に機会をみて乱れに乗じ、つつしんで天誅を行おうと思います」と言上してきた。

ところが、すでに二ヵ月が経っている。日数を数え道程を考えて、捕虜を連行し献上するのを待ちかねている。ところが未だに現れない。いったい軍を出し賊を討つということは国の大事である。軍の進退や動静を引き続き奏文すべきである。

どうして何十日を経ても絶えて消息がないのか。今後は委細を報告するようにせよ。若し書面で意を尽くせないというなら、軍監以下で状況を説明できる者を一人差し向け、早馬で報告させせよ。

▼秋田城は保ちにくく、河辺城は治めやすい

同年七月二一日、征東使が甲一千領を請求してきた。尾張・参河《みかわ》など五ヵ国に命じて、軍営に運ばせた。同年七月二二日、征東使が綿入れの上着四〇〇〇領を請求してきた。東海道・東山道の諸国に命じてすぐ送らせ、当時に次のように命じた。

今、賊徒を討つために坂東の兵士を徴発する。来る九月五日までにみな陸奥国多賀城に集結させよ。必要な兵糧は太政官に申請し多賀城に送るように。兵士が集まるには時期があり、食糧を送るのが難しい。そこで、路の便や近さを考えて下総国の糒《ほしい》六千石と常陸国の糒一万石を割いて、来

る八月二〇日までに軍営に運び送らせよ。

同年八月二三日、出羽国鎮狄将軍の安倍朝臣家麻呂らが次のように言上した。「夷狄の志良須《しらす》や俘囚（帰属した蝦夷）の宇奈古《うなこ》らが「私どもは朝廷の権威を頼みとして久しく城下に住んでおります。今この秋田城（秋田県高清水の丘陵）はついに永久に放棄されるのでしょうか。それとも旧来通り兵士を交代配備して、再び守られるのでしょうか」と。対して朝廷は次のように回答した。

そもそも秋田城は前代の将軍や宰相が詮議して建てたものである。敵を防御し民を保護して長い年月を経てきた。にわかにすべてこれを放棄するのはあまりよい方策とは言えない。多少の軍士を遣わして、ここの鎮守に当たらせ、彼ら俘囚が朝廷に服する心を損なうことのないようにせよ。よって、すぐに使者もしくは国司一人を遣わし、秋田城の専任とせよ。また由理柵は賊の要害の地に位置しており、秋田城へ道が通じている。ここへも兵士を遣わして、互いに助け合って防御させるように。

ただ思うに、宝亀の初めに国司が「秋田城は保ちにくく、河辺城は治めやすい」と言上したので、当時の評議は河辺城（後の仙北郡の払田柵）を治めることになったが、今まで幾月を積んでも秋田城下の民は移住しようしない。これは明らかに民が移ることを重荷としているということである。この信条を汲み、俘囚や人民一人ずつ尋ねて、詳しく秋田城と河辺城の利害を言上するようにせよ。

▼〝名将の軍策はかくあるべきではない〟

宝亀一一年一〇月二九日、光仁天皇は次のように勅した。

朕は今月二二日の奏上を見て、征東使らが遅延し、すでに征東の時機を失っていることを知った。将軍が出発してから久しく日が経ち、集まった歩兵・騎兵は数万余人にのぼっている。それだけではなく征東使は、賊の地に攻め入る期日を度々上奏してきていた。本来なら、計略がすでに巡らされ、今は攻め入って狂暴な賊を平らげているはずである。

それなのに今頃になって、「今年は征討できません」と上奏してきた。夏には草が茂っていると称し、冬には襖《ふすま》（防寒の上着）が足りないと言い、様々に巧みに言い逃れして、ついに駐留したままである。武器を整え、兵糧を準備するのは将軍の本分である。しかるに兵を集める前に準備もしないで、逆に「まだ城中の食糧は畜えられていません」と言っている。

しからば何月何日に賊を誅して伊治城を回復するというのか。まさに今将軍は賊に欺かれたために緩慢となり、この逗留を招いたのである。まだ一一月になっていないのであるから、十分兵を向けることができる筈である。それなのに勅旨に背いて、なお一向に攻め入ろうとしない。

人と馬がことごとく痩せれば、何をもって敵に向かおうというのか。名将の軍策はこのようであるべきでない。部下を教え諭《さと》し、士気を奮い立たせて征討に向かうべきである。もし今月中に賊の地へ討ち入らないのならば、多賀城・玉作城などに駐留し、よく防御を固め、併せて戦術を練るようにせよ。

同年宝亀一一年一二月一〇日、征東使が次のように奏上した。「虫のうごめくこの蝦夷は実に多くの仲間があり、言葉巧みに誅伐を逃れたり、隙を窺い害悪をほしいままに及ぼしています。このため二千の兵士を遣わして、鷲座《わしくら》・楯座《たてくら》・石沢《いしざわ》・大菅屋《おおすげや》・柳沢などの五道を攻めとり、木を斬って径《みち》を防ぎ、溝を深くして堅固な砦を造り、逆賊が形勢を窺う拠点となる要害を断とう思います」

対して天皇は次のように勅した。「聞くところによると、出羽国大室塞《おおむろのせき》なども賊の要害であり、常に隙を狙ってはしきりに来襲し、略奪を行っているという。将軍と国司に命じて、地勢を視察させ、非常事態のための防御をさせるように」

同年一二月二二日、常陸国司が「戸籍よりぬけ漏れている神賤（神社に属する賤民）七七四人を鹿嶋神社の神戸《かんべ》に編入することを申請します」と言上した。対して朝廷は「ただし、神司《かみつかさ》はみだりに良民と知りながら、計画的に神賤にして霊妙なことを口実に朝廷の規定を侵し乱しているので、今後は二度と申請することのないように」と言ってこれを許した。

▼エミシに囲まれた副将軍百済王俊哲

同年一二月二七日、陸奥鎮守副将軍従五位上の百済王俊哲が「私たちは賊に囲まれて、兵士は疲れ矢は尽きました。ところが陸奥国の桃生《もののう》や白河などの郡の神一一社に祈りましたところ、やがて囲みを破ることができました。これが神の力でなかったら、どうして兵を生存させることができたでしょう。これら一一社をぜひ幣社に加えられますよう」と言上したので、朝廷はこれを許可した。

光仁天皇天応元年（七八一）春正月、天皇は次のように詔《みことのり》した。「五位以上の官人の子や孫で年二〇歳以上の者には、蔭位《おんい》（父や祖父が高官の場合、一定の年齢に達すると選考を経ずに位階が授けられる）として相当すべき位階をさずけよ」「また、もし伊治呰麻呂らによって欺かれ煽動されて賊軍に加わった民衆の中でよく賊を捨てて抜け出て来た者には租税免除三年を賜れ」

「蝦夷征討に従軍して陸奥・出羽に入った諸国の人民は長い兵役に疲れて、家業が破産した者が多い。その家の今年の田租を免状するように。もし、播く種籾《もみ》がなければ、所轄の国司は必要量を貸し与えよ」

同年天応元年正月一〇日、女孺《にょじゅ》・無位の県犬養宿禰勇耳《ゆうに》に従五位下を授けた。参議・正四位下の藤原朝臣小黒麻呂に陸奥按察使を兼任させ、右衛士督《うえじのかみ》・常陸守はそのままとした。同年正月一二日、従二位の藤原朝臣魚名すなわち藤原北家参議藤原房前の五男（生没七二一―七八三）に正二位を授けた。

同年同月下総国印旛郡の大領丈部直牛養《はつせかべあたいうしかい》と常陸国那珂郡の大領外正七位下の宇治部全成にそれぞれ

従五位下を授けた。蝦夷征討の兵糧を進上したことによる。同天応元年三月三〇日、相模・武蔵・安房 上総・下総・常陸などの国に命じて、穀一〇万石を陸奥の軍営に送った。同年三月二五日、天皇は次のように詔した。

去る五月二〇日付けの上奏文を得て、詳しく状態を知ることができた。ただあの蝦夷の性質は蜂のように寄り集まり、蜂のようにむらがって騒乱の元をなしている。攻めれば山の藪に素早く逃げ込み、放っておくとすぐに城や砦を侵略する。しかも、伊佐西古《にせさこ》・諸絞《しょこう》・八十島《やそじま》・乙代《おつしろ》らは賊の中の首領で、一人で千人に匹敵する。彼らは行方を山野にくらまして、機会をうかがい隙を狙っているが、我らの軍の威勢を恐れてまだあえて害毒をふりまいてはいない。

今、将軍たちは未だ一人の首を切らないまま、先に征夷の軍隊を解散してしまった。事はすでに行われてしまって、もうどうすることもできない。ただ先と後の上奏を見ると、賊軍は四千余人いて、そのうち斬った首級はわずかに七〇余人である。

残っている賊はなお多い。どうして先に戦勝を報告して、急いで都へ向かうことを願うのか。例え旧例があるからといっても、朕は認めない。そこで副使の内蔵忌寸全成・多朝臣犬養のうち一人を駅馬に乗って入京させ、まず軍における委細を報告させせよ。それ以外のことは後の指示をまつように。

▼光仁天皇死す

同年八月二五日、陸奥按察使正四位下の藤原朝臣小黒麻呂が蝦夷征伐の事を終えて帰京した。特に正三位を授けた。同年九月二二日、天皇は詔して従五位上の内蔵上の紀朝臣古佐美に従四位下勲四等、従五位上の百済王俊哲に正五位上勲四等、正五位下の内蔵忌寸全成に正五位上勲五等、従五位下の多多治比真人海に従五位上、正六位上の紀朝臣木津魚《こつお》・日下部宿禰雄道・百済王英孫にそれぞれ従五位下、正六位上の阿倍猿島《さるしま》臣墨縄に外従五位下勲五等を授け、入間宿禰広成に外従五位下を授けた。

同年九月二六日、初め征東副使の大伴宿禰益立は蝦夷征討にあたって、従四位下を授かり激励された。しかし益立は軍中にあってしばしば征討の時期を誤り、駐留して進軍せず、空しく軍糧を費やして月日を引き延ばした。そのために朝廷は改めて征東大使として藤原朝臣小黒麻呂を遣わした。小黒麻呂は到着するとすぐに軍隊を集めて、奪われた諸々の城塞を回復した。そこで天皇は詔して益立が進軍しなかったことを責め、先に授けた従四位下の位を剥奪した。

同年一〇月一六日、尾張・相模・甲斐・常陸などの国の人たち総計一二人は、私力で兵糧を陸奥に運輸したので、その運んだ量の多少に応じて位階を授けた。また軍功のあった蝦夷の人には等級に差をつけて、勲六等相当には一等、勲八等相当に二等、勲九等には三等、勲一〇等に四等を設けた。同年一二月一日、陸奥守正五位上の内蔵忌寸全成に鎮守副将軍を兼任させた。

天応元年（七八一）一二月二〇日、「天応元年一二月二〇日以前の死罪以下、罪の軽重を問わず、すでに発覚した罪、まだ発覚していない罪、すでに罪状のきまった者、まだ罪状のきまっていない者、現に獄にある囚人、さらに贋金造り、八虐の罪・故意の殺人、強盗・窃盗などの通常赦免されない者もすべて皆赦免せよ」という天皇の詔が出された。

同年一二月二〇日、光仁天皇が崩御された。御年七三歳であった。桓武天皇は悲しみ泣き叫び、喉が破れる程で、自分でそれを止めることができなかった。多くの中央・地方の官人も慟哭して日を重ねた。

第3章　多賀城跡の壺の碑《いしぶみ》

1　芭蕉がみた壺の碑

▼奥野の細道

桓武天皇の父光仁が亡くなってから約九〇〇年経った元禄二年（一六八九）六月二四日、芭蕉は多賀城碑の前に立った。陰暦の五月八日のことである。深川を出立してから四八日ほど経過していた。同行した曾良の旅日記によると、その日の朝は小雨が降っていたが、一〇時頃から晴れてきた。仙台を出て十符《とふ》の菅《すげ》、壺碑《つぼのいしぶみ》を見て、午後二時前後には塩釜に着いた。芭蕉が見た十符の菅とは菅菰《すがこも》を編む材料のことで、伊達家によって名所として保護されていた。仙台市の東北を流れている七北田川沿いの岩切付近であったらしい。

当時、今市橋から多賀城址の市川に至る七北田川沿いの道を奥の細道といった。現在の東北本線の磐切駅の近くである。芭蕉が見たつぼの石ぶみは、高さ六尺で横三尺ほどであった。草生《くさむ》して文字がかすかに見えた。芭蕉が読んだ碑文は、現在、私たちが見て読むことができるものと同じである。

多賀城

去京一千百里
去蝦夷国界一百十廿里
去常陸国界四百十二里
去下野国界二百七十四里

西

此城神亀元年歳次甲子按察使兼鎮守府将
軍従四位上勲四等大野朝臣東人之処置
也成天平寶字六年歳次壬寅参議東海山
節度使従四位上仁部省卿兼按察使鎮守
将軍藤原恵美朝臣修造也
天平寶六年十二月一日

芭蕉研究者の簑笠庵梨一《さりゅうあんりいち》（正徳四年＝（一七一四）生まれ）によると芭蕉の筆写にいくつかの誤りが

あったらしい。それはさておき、芭蕉はこの碑文を見て感極まった。「ここに至りて疑いなき千載の記念《かたみ》、今眼前に古人の心を閲《けみ》す。行脚の一徳、存命の悦び、羇旅《きりょ》の労を忘れて泪を流すばかりであった」。

この碑面の中央額部に「西」という文字が大きく刻まれ、その下に一一行一四〇字が整然と刻まれている。文字は縦一二二センチ、横七九センチの長方形に細い線で囲まれている。「神亀元年（七二四）に大野東人が多賀城を造り、天平宝字六年（七六二）に藤原恵美朝猟《あさかり》が多賀城を修造した」という六行の文の前に「多賀城　去京一千五百里　去蝦夷国界一百廿里　去常陸国四百十二里　去靺鞨三千里」という多賀城までの道程を記した五行の短い文を、芭蕉は簡潔な表現で結び「四維国界之数理」と『奥の細道』で紹介している。

▼なぜ壺碑と呼ばれるようになったか

多賀城碑がなぜ壺碑《つぼのいしぶみ》と呼ばれるようになったのかは不明である。岩波書店発行の『奥の細道』で荻原恭男《やすお》は、伊達綱村時代に多賀城より発掘された多賀城改築の記念碑を、青森県上北郡坪村にあったという歌枕「壺碑」としていたと解説しているが、壺碑が陸奥の枕詞であればそれはそれなりに理解できるが、これでは何のことかわからない。

ほかの辞書によると、上北郡天間材木町とか奥州南部領の七戸近くの壺村にあったとか、所在も地名も転々としているし、田村麻呂が蝦夷征伐の際の弓矢で書きつけたという伝説や、後世多賀城の碑を壺の碑と言ったために両者を混同したとか、話の由来が入り乱れている。また『発心集』には「常にえびすが、あくろ・つがろ・つぼ石ふみ、夷の栖なる千嶋なりとも」とあり、地名をさす語という。

平成元年（一九八九）六月雄山閣から発行された安倍辰夫と平川南による『多賀城碑〔増補新版〕』によれば、壺碑の問題点がよくわかる。多賀城碑は江戸時代の前半から、いわゆる壺の碑として井原西鶴・新井白石・水戸光圀・伊藤東涯、明治になってからは田中義成・喜田貞吉・大槻文彦たちに取り上げられ論争されてきた。白石によれば多賀城碑は万治・寛文の間、つまり一六五八年から一六七三年の間に宮城郡の土中から出たという。

芭蕉が訪れた元禄二年（一六八九）の二年後に、水戸光圀《みつくに》は丸山可澄《よしずみ》を出羽・陸奥に派遣して壺碑の拓本を取らせた。当時光圀は神戸の湊川神社に「嗚呼忠臣楠子之墓」を造らせ、多賀城碑と那須国造の修復も計画していた。

清輔・西行・寂連・慈円・頼朝が歌った「いしぶみ」は、みちのくを暗示する枕詞の役割を果たしている。清輔は「いしぶみや　つかろのをちに　ありときく　えぞ世の中を　思ひはなれぬ」と、いしぶみをつかろと蝦夷の連関で歌い、西行は「むつのく」、寂連は「みちのおく」、慈円は「みちのくの」と詠んでいる。また頼朝は「みちのくの　いはで忍ぶは　えぞ知らぬ　かき尽くしてよ　壺のいしぶみ」と詠んでいる。

水戸の学者長久保赤水は『東奥紀行』のなかで、多賀城碑を壺碑というのは誤りで、古い歌はみな南

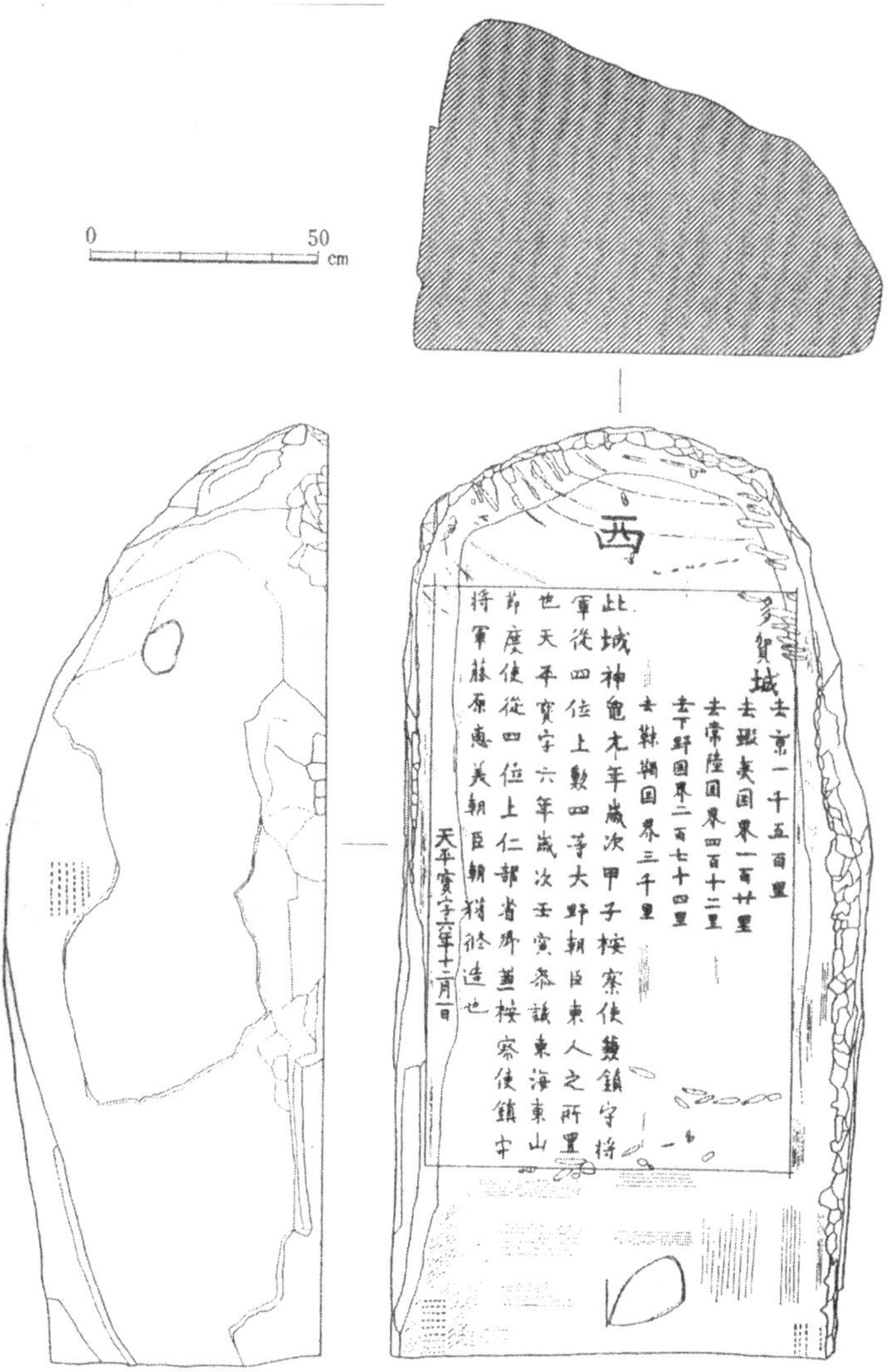
0
50
cm
西
多賀城
去京一千五百里
去蝦夷国界一百廿里
去常陸国界四百十二里
去下野国界二百七十四里
去靺鞨国界三千里
此城神亀元年歳次甲子按察使兼鎮守将
軍従四位上勲四等大野朝臣東人之所置
也天平寳字六年歳次壬寅参議東海東山
節度使従四位上仁部省卿兼按察使鎮守
将軍藤原恵美朝臣朝獦修造也
天平寳字六年十二月一日

多賀城碑実測図

部の壺碑を詠んだものだと主張した。古い歌とは西行や慈円を指すのだろうが、その肝心の碑は南部上北郡七戸壺村にあったが、今は失われたというものであった。

大槻文彦は壺碑を青森県の坪村すなわち都母村に求めるべきだと論じた。しかし南部の碑は誰も見た者はいなかったが、昭和二五年に青森県東北町千曳で「日本中央」と彫られたものが発見されたと報道された。しかし、いしぶみの根拠とするには無理がある。最近の研究では金澤規夫や平川南は、壺碑は古代末から中世の歌枕として読まれているが、多賀城碑も南部の碑も無関係な幻の碑であるという。

2　歌枕の壺の碑

▼宮中の植えこみ

「つぼのいしぶみ」は、壺碑《つぼのいしぶみ》、坪の碑《つぼ いしぶみ》、坪石文《つぼのいしぶみ》などと表記されている。『奥細道菅菰抄』を遺した蓑笠庵梨一《さりゅうあんりいち》の解釈では、この碑はむかし多賀城の植え込みのなかにあったので、つぼのいしぶみと言ったという。

蓑笠庵梨一は源頼朝が大僧正慈円に送ったという碑の歌「みちのくの　いはで忍ぶは　ゑぞ知らぬかき尽くしてよ　壺のいしぶみ」を紹介しているが、次のような注釈をしているのでそのまま引用する。

按ズルニ、庭中ヲツボト云ハ、本壺《モト》ノ字ナルベシ。音梱《エコン》。爾雅ニ、宮中ノ衖謂之壼、ト是ナリ。瓶ノ属ヒノツボハ壺ニテ、音古《エコ》ナリ。然ルニ、今門内・前裁ナドヲ、ツボノ内ト称ズルハ、壺ト壼ト、楷書ノ字形紛ラハシキヨリシテ、終共和訓マデヲ誤ルナリ。

要するにツボの意味が二つあって瓶の壺と宮中の門、すなわち周囲を垣で囲んだ宮中を意味する壼があるが、前者は音が「コ」で、後者は音が「コン」。当然ここでは後者の意味だが、これが終《しま》いには間違って使われるようになったというのだ。この解釈はかなりの説得性をもつ。

ところが『多賀城碑』について書いた安倍辰夫の『壺碑』を読んで、蓑笠庵梨一の解釈は基本的には間違っていないが、蓑笠庵梨一自身が他から引用していることがわかったので、つぼの意味をもう少し探ることにする。安倍辰夫によると、黒川道祐《どうゆう》が寛文三年（一六七五）の『遠碧軒記』で壺碑は城内の壼前栽、つまり中庭に立てられた石の意味だとしているという。

▼宮中の道路

もう一つは佐久間道巖《どうがん》（生没一六五三―一七三六。江戸前期から中期の儒者・画家・書家）は享保四年（一七一九）の『奥羽観跡聞老志』で、つぼは壺ではなく、「壼《コン》」を誤読したものであるとし、次のように指摘した。壺は音コ、「壼」は音コンで別字だというのだ。壺はあきらにつぼであるが「壼」は爾雅《じが》にあるように「宮中ノ衖《みち》之壼ト謂ウ」とあるように宮中の道路の意味であるというのだ。爾雅は中国古代の字書で漢代の初期に完成したものであり、壺碑は「壼碑《コン》」であるという。つまり多賀城碑は多賀城の城中に建てられた碑ということになる。

さらに荻生徂徠（生没一六六六―一七二八）は『南留別志《なるべし》』で、梨壺、桐壺は壼《コン》を壺《コ》と取り違えたのだという論を展開した。つぼは土地の平なところだという説も出た。林《はやし》子平《しへい》（生没一七三八―一。江戸後期の経世家。「寛政《かんせい》の三奇人」の一人といわれる）は『題坪碑図』で、つぼは坪とも壺とも書くが、壺と書くのは誤りである。坪は平なところで、壼は宮中の道である、この碑は多賀城跡にあって坪碑と書いても道路の碑の意味であると説いた。

いずれにしても、みちのく・つがる・蝦夷・田村麻呂・壺・壺村など関連するキーワードがからまり、当初私は訳が分からず辞書を調べながらも、壺は坪の漢字表記が変化したもので、坪は古代条里制度のもとでは区画された一町四方の土地をいうが、さらに距離・空間・境界を表わす意味を持ち、壺碑は読んでそのまま「里程を文字で彫った石碑」と考えていた。しかしこれは私のあてずっぽうな考えだったが、まんざらあたらずとも遠からずであった。安部辰夫の説明でつぼが道の意味を持つことがわかり、後に紹介する石渡信一郎の多賀城碑の解釈からも「つぼ」が持つ意味はもっとはるかに大きく深いことがわかった。

▼日本の東のはて

平川南の解説は明快である。坪碑が端緒となったのは佐久間道巖の『日本総国風土記』であった。道巖は多賀城碑を鎮守門碑として宣伝した。さらに『多賀古城壺碑考』を書いて、全国の碑、歴朝古歌を収録したのである。ところが宝暦一〇年（一七六〇）長久保赤水は多賀城碑を壺碑とするのは間違いであると、道巖を批判した。赤水は碑文の内容にもふれ、道程にも疑問を呈しているが、それはともかく赤水は「壺碑は青森県上北郡天間林村小字坪村にある」とした。現在の上北郡東北町である。

赤水の批判のベースになっていたのは、天皇が後鳥羽の文治元年（一一八五）前後に成立した僧顕昭の『袖中抄《しゅうしょうちょう》』であった。そのなかで顕昭は平安時代から歌枕として用いられてきた「つぼのいしふみ」に「陸奥のおくにつものいし文があり。日本のはてといへり」と書いた。つまり赤水は『袖中抄』を引用して、「壺の碑」は宮城郡市川村の碑ではなく、青森県上北郡天間林村の壺碑であるとした。

問題は赤水が何の疑いをはさむことなく、宮城県市川村の土中から掘り出された碑を、歌枕の「壺の碑」ではないとしたが、どうしても歌枕の壺のいしふみを見つけなければならなかったのである。しかし東のはてにあるという顕昭の言葉を誤解してしまったのである。顕昭が「東のはて」が上北郡の坪村と言ったわけではないし、反証として上北郡坪村からなんらかの碑も出ていなかった。

金澤規雄の研究によると、歌枕の壺の碑は、藤原仲実、頼朝、慈円、西行などによって歌われてきた。しかし歌枕の実体は不明で、その所在もみちのくのどこであるか一切不詳であったという。ところが近世以降、それが市川村の碑と結びつくようになった。碑に関するもっとも古い文献は、万治二年（一六五九）の内藤以貫《いかん》の『楽山人閑斎集』だが、俳人大淀三千風がはじめて『松島眺望集』で「壺碑、塩釜仙台に中間にあって、宮城郡市川村という」と紹介している。当時すでに壺碑として名所になっていた。

この歌枕と壺碑との関係に異議を唱えたのが赤水であった。赤水は水戸藩の地理学者であった。彼は先に述べたように、顕昭の『袖中抄』に依拠した。顕昭の『袖中抄』の「日本の東のはてといへり」に続く文は次のような内容であった。その前に歌がある。

「いしぶみの　けふのほそ布　はつはつに　あひみても猶　あかぬけさかな

田村の将軍征夷の時弓のはずにて石の面に日本の中央のよし書付けたれば石文と云り。信家の侍従の申しは、石の面ながさ四五丈計りなるに文をゑり付けたり。その所をつぼと云也。私云、みちの国は東のはてとおもへど、えぞの嶋は多くて、千嶋とも云ば、陸地をいはんに日本の中央にも侍るにこそ」

3　日本の東の果て

▼偽作説と喜田貞吉

明治以降、壺碑は賛否両論のなかで偽作説が主流であった。石碑の形状や文字の彫り方、書風、東人と朝猟の官位官職、国号と里程など数々の疑問があった。資料編纂所の設立当初の主要メンバーであった田中義成が明治二五年の『史学雑誌』に発表した「多賀城考」は偽作説に決定的な影響を与えた。

田中の考えは多賀城碑ができた天平宝字の頃は海道が官道であったが、山道が官道となった弘仁三年（八一二）以降であるから、海道の里程によって一九二里とすべきであるということであった。田中は喜田貞吉が東京大学に入学した頃の史料編纂所で漢文も兼ねた助教授であった。

しかし現在は真作説がほぼ決定的になっている。さすがの喜田貞吉も常陸国界を去ること四一二里という距離の問題にひっかかり、多賀城碑の常陸国の里程は山道によっているので疑わしいと偽作説の立場に立たざるをえなかった。喜田は当時偽作者として名前があがっていた江戸享保期の地理学者佐久間道巖とまで断定はしなかったが、ほぼそれに近い人物を想定していた。

道厳は仙台藩主伊達家に代々仕えた家に生まれ、書家としても名をはせたが、『奥州観跡聞老志』という地理・歴史の本を書いた。また、藩主の命令で多賀城碑の拓本をつくり、徂徠や白石などに送ったりして、いわゆる壺碑の広報宣伝に多大な貢献をした。

喜田が偽作説を『歴史地理』に発表したのは、大正二年（一九一三）三月で喜田貞吉が四二歳の時であった。喜田は大正一三年から東北大学の講師になり、東北地方の歴史と民族の研究に没頭できるようになった。

二年前の大正一一年には一一月二一日から一〇日間ほど山形、宮城県下を旅行した。酒田では阿倍という郷土史家の案内で念願の出羽柵を見学した。車窓から最上川を眺めながら、新庄では最上郡の及位《のぞき》村宇釜渕から出土したという土偶を見た。

同年一一月二六日には仙台ホテルに泊まり、翌日は徳島中学時代の同窓林鶴一が理学部部長をしていた東北大学を訪問した。林に紹介された松本という人物と喜田の友人浜田が連れてきた三人、それに宮城県史編纂委員の清水という人物が加わって多賀城を見学した。それから皆で多賀城碑に向かった。喜田にとって実物をみるのは初めてであった。

碑は南の土塁に近い丘の上にあった。「問題の碑だ。南にあるのに、上の方に西と刻まれている」と山田野理夫の『歴史家喜田貞吉』に書かれているが、喜田貞吉が言った言葉なのか、山田の感想なのか、この文章では不明だ。しかしなぜ「西」という字を大きく碑の上部中央に刻み込んだのであろうか。碑は西向きになっているのだから、わざわざ西の方向に向かっていることを文字に彫る必要があるだろうか。

4　巨大な外郭の多賀城跡

▼周囲三五〇〇メートルの築地

多賀城跡は仙台市の東北一〇キロのところにある。東北本線の陸前山王駅と塩釜駅の中間だが、陸前山王駅からの方が近い。駅に下りてから前の道路を東に砂押川にかかる市川橋を渡ると多賀城跡に入る。新利府駅の東南二キロの辺りだ。仙台から塩釜まで距離にして一四キロ、乗車時間は一六分程度だ。塩釜から松島までは一〇キロほど八分で着くが、数回トンネルをくぐり抜けるので、松島湾岸の風景を楽しむことはできない。

新利府は岩切駅から別れた東北本線の支線で次の利府駅が終点だ。利府は十符《とふ》の菅菰《すがごも》の産地として知られ、昭和五九年（一九八四）から東北本線の車両基地になっている。芭蕉は壺碑を見た次の日に塩釜神社を参拝して、その翌日に松島を訪れている。

昭和三八年（一九六三）から六三年の本格的な調査で多賀城の概観はほぼわかった。一九六八年の調査では、整地層が四層もあることが判明した。建物・瓦・土器・木簡から政庁はⅠ期からⅣ期まであった。第三次整地層に大量の焼土を含む大火災の跡も見つかった。建物がすべて火災で焼け落ちた跡も見つかった。

建物がすべて火災で焼け落ちた跡が歴然としていることから。宝亀一一年（七八〇）の伊治公呰麻呂の乱の痕跡と考えられた。多賀城は塩釜市の市街地から西に張り出した標高二〇メートルから五〇メートルの丘陵地帯を占めている。南方は仙台平野を望み、北に谷間を形成している。今は人工の加瀬沼となっている。

多賀城の外郭は一辺六五〇メートルから一〇〇〇メートルの不整四辺形だ。平面図で見ると、西辺が東辺より短いが南北一直線で、東辺は西辺より短い距離で内側に入り込み、西辺の北端から延びた線

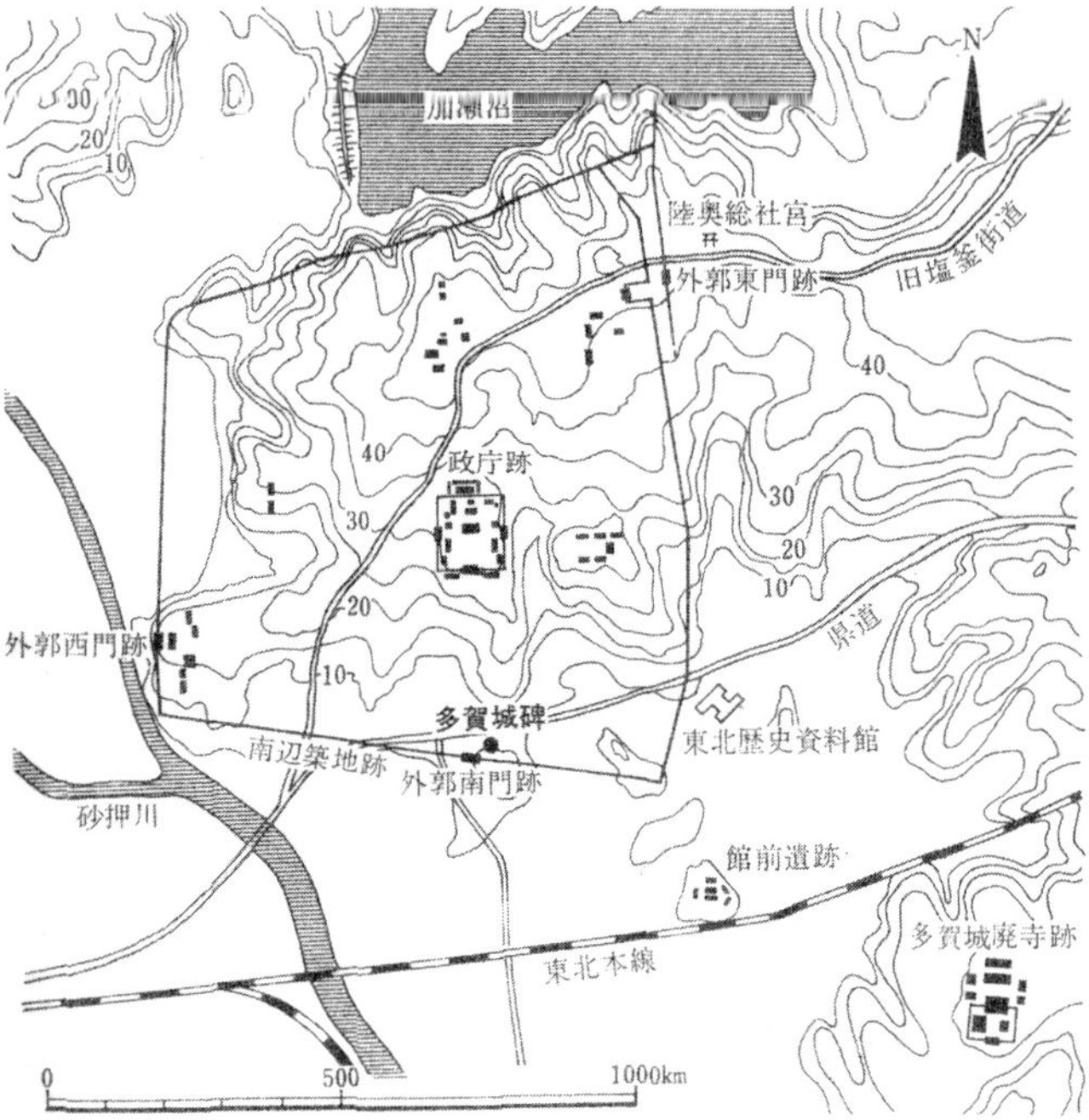

多賀城跡略図

と東辺北端を結んだ線は、ちょうど東側が急斜面で西側がなだらかなスロープになっている。ヒマラヤの山を見るような感じだ。南線は八六五メートル、東辺が一〇四〇メートル、北辺が七六五メートル、西辺が六六五メートルで周囲三四二五メートルである。

驚くべきことに、周囲は築地《ついじ》で囲まれていた。東辺近くに東門と西門があった。門はそれぞれコの字形の内側に入り込み、東門は外郭線上から四四メートル、西門は二五メートル内側に建っていた。外郭南門から政庁正門まで道は三一四メートルあった。道幅は創建当時で一〇メートル、Ⅳ期頃には二五メートルもあった。碑は多賀城から入って右手の丘に立っている。

▼瓦の供給地

政庁内の建物や周囲三五〇〇メートルの築地に使った瓦はどうしたのだろうか。内藤請恒や伊藤信雄、工藤雅樹などの研究によってその供給ルートも判明した。Ⅰ期の瓦は仙台北方の大崎平野の木戸窯釜群・大吉山窯釜群・日の出山窯釜群などであった。また木戸窯釜群からは新田柵へ、日の出山窯釜群からは城生遺跡や名生館遺跡など最寄りの城柵にも供給されていた。Ⅱ期になって利府町の春日大沢遺跡や仙台市北の台の原・小田原窯釜群に移動した。

大崎平野は奥羽山脈を源とする鳴瀬川、江合川がつくりだした古川市一帯の肥沃な耕地地帯である。戦国大名の大崎氏が支配していたので、志田、遠田《とうだ》、加美、玉造、栗原の五部を大崎地方と呼ぶようになった。

多賀城の外郭から東南隅から六〇〇メートル東南に多賀城廃寺があるが、奈良の川原寺や太宰府の観世音寺のように金堂が西で塔が東の伽藍配置であった。多賀城廃寺の伽藍中軸線が北方向に真北に対して八度強東に傾いているのは、多賀城の南外郭線も八度傾いているので、多賀城南外郭線と多賀城廃寺が共通の地割に従っていることがわかった。

多賀城の外郭の築地で囲まれた場内の内域は、東西一〇〇メートル、南北一二〇メートルあった。その周りは土塁、つまり土手状に土を盛り上げた垣の跡が残っていた。内域の真ん中に正殿、左右に脇殿、奥に後殿、左右の脇殿の南にそれぞれ小さな脇殿が東西に建っていた。これらの建物を屋根瓦の築地塀が長方形に囲んでいた。内域の建物配置は朝堂院式であった。朝堂院とは朝庭と八ないし一二の朝堂からなる場所だが、藤原宮、平城宮のように天皇がいる大極殿をふくむ場合もいう。多賀城の内域はいわば陸奥の政庁であった。

第4章　蝦《か》夷《い》国と呼ばれた日高見国

1　碑文の蝦夷国とは

▼石渡信一郎の説

現在では多賀城碑は本物であることはほぼ証明され、課題となったのは碑文の文字は和様の書風が現れる以前の筆跡であることがわかった。文字の割り付けに使った方眼図形の尺度も天平尺であった。問題の常陸国と下野《しもつけ》国までの里程も現代の距離で八八キロの差があるが、当時の道程からみるとほぼ実数であることも判明した。

とくに『日本書紀』景行紀の日高見《ひたかみ》国が蝦夷国と同じ意味で使われていることからも、また『宮城県多賀城跡調査所紀要』に発表された黒川正典や安倍辰夫、平川南の研究論文からも、碑文が極めて真作の可能性が高いと判断された。このことは石渡信一郎が描いている東北古代史が秘めている問題、すなわち蝦夷の問題と『日本書紀』が隠した日本古代国家の起源を解明するのにとても都合がよかった。

石渡信一郎によれば日高見国は蝦国《かい》とも呼ばれていた。律令国家は広い意味で古代東北・北海道の住民を指していたが、狭い意味では蝦夷国、すなわち日高見国の住民を蝦夷《かい》と呼んだ。『日本書紀』が古代東北と北海道の住民を蝦夷と呼びながら、日高見国の住民も蝦夷と呼ぶのはなぜなのか、石渡氏にとって大きな疑問であったからである（『日本古代国家とエミシの起源』）。

石渡氏は日高見国が多賀城碑に刻まれている蝦夷国であることは二〇年ほど前から想定していたが、日高見国と蝦夷国の領域が重なり合うことがよくわからなかった。もう一つ重要な課題があった。それは漢字表記の蝦夷《カイ》という語が、アイヌの表音記であるかどうかの問題であった。この問題も石渡氏が長い間温めていた考えであった。しかし近世アイヌがカイと自称していたかという史料からこの事実も証明されたのである。

江戸末期の蝦夷地探検家の松浦武四郎は『天塩日記』に「樺太ではアイノをカイナーと呼び、天塩ではカイナと呼んでいる」と書いた。また、天明六年（一七八六）に佐藤玄六郎が書いた『蝦夷拾遺』によると、アイヌの人々は互いにカイと呼び合っていたという。「人」の意の「アイヌ」という語は、アが強く発音され、ヌはしばしば弱く発音されるので「アィヌ」という発音を「カイ」と聞いたに違いないと石渡氏は考える。

このように律令国家の渡来系の人々も、エミシがアイヌと自称したのを「カイ」と聞いて、カイをエミシの呼称とした可能性があるとみる。なぜならエミシはエビシとも呼ばれていたし、エビシのエビが海老・蝦と同意で、ヒゲ（髭）の長いエミシの姿をエビ（海老・蝦）の姿に似ていることから、カイのカの表記に「蝦」の字を使用したものと石渡氏が推測する。

▼金田一京助の説

エミシの語源も、エムチウがエムシウに、エムウからエムシに、そしてエミシに代わったものと考えられるという。金田一京助によれば樺太アイヌの人々は、「人」の意の語として、「アイヌ」のほかにｅｎｃｈｉｕもしくはそれがなまったｅｎｊｕという語を使っている。

一方、石渡氏は、「蝦夷」の呼称の一つであるエゾは、このｅｎｊｕに由来し、平安時代にはエミシはエビスともエゾとも呼ばれるようになり、平安末期になるとエゾはエミシを意味し、俘囚（帰属したエミシ）をも意味するようになったと考えていた。

しかし最近、氏はこの考えを変えた。エビスは大加羅＝ヤカラがヤキラにヤキラがヤキツになり、エビスに変化したものと考えるようになった。『日本地名の語源』（三一書房、一九九九年）の付録２の「古代東北原住民の呼称エミシの語源」に次のように書いている。

加羅系倭国の支配領域は、五世紀後半には東北地方南部まで及んでいて、征服されたエミシの居住地域はヒタカミ国と呼ばれていた。五世紀末に成立した百済系倭国も東北地方に支配領域を広げ、六世紀中頃には現在の岩手県まで支配領域としたが、六世紀後半、宮城県北部と岩手県を中心とする地域がエミシの半独立国になった。『日本書紀』景行紀に見える日高見国は、八世紀初頭頃のこの地域を指すと思われる。

金田一京助は「蝦夷と日高見国」の論文を昭和一五年(一九四〇)二月の『国学院雑誌』に発表した。この論文で金田一は日高見国について、日高見国はもとは日津上《ひだかみ》、つまり「日の上《ひかみ》で東の国ということにほかならないから、東国の開拓もともに東に進むので一所の名でない」と言っている。九州から大和へ来たときは、大和がまさに日高見の国だったという。『常陸風土記』によれば常陸はもともと日高見国だった。日高見国の北遷はまさに侵略・開拓・支配の東漸の歴史というわけである。

金田一京助はアイヌが自分たちのことを蝦夷《かい》と言ったことについて、この説の代表者である喜田貞吉も間違っているが、もともと喜田が根拠にした松浦武四郎が書き残したアイノをカイナーと呼んだということについては全くの勘違いであって困ったものだと批判している。たしかにアイヌは自らをアイヌ(人)と呼んでいたのは確かであるが、カイナーは間違いであると言う。カイナーと言ったのでなかったものを、松浦翁が旦那の「な」、翁・媼の「な」に引き寄せて考えたものだから、うっかりカイナーと言ったと思い違えて書いたのだ、本当はカイヌと言ったはずだと、金田一京助は大真爛漫である。

もともとこの間違いは『釈日本紀』の蝦夷に関する注に付された浜成の天書末文の「自称蝦夷」が原

因であると金田一京助は言う。この天書末文には頭書があって、その頭書は尾張の学者伊藤信民の『参考熱田神宮大神縁起』の頭書だという。伊藤信民はヤマトタケル東征に因んだ蝦夷の記事を引いて頭書としたのだが、天書の末文の蝦夷を勝手にカイと呼んで加伊と書き改めたからである。

ところで金田一京助の言うカイヌとはKU-a・inuすなわち「私のアイヌ」の語で男子に対する親愛および敬愛を表する形の愛称である。娘が言えば父親の義となり、妻が言えば夫ということになる。このカイヌという形をもって蝦夷《カイ》にあてるのは、アイヌ語を知らない人の牽強な机上論で、とうてい話にならないと金田一京助は自信たっぷりである。金田一京助の蝦夷をエミシと呼び、エミシがエゾに変化した説は正しいが、この蝦夷《カイ》説に対する自信は、金田一京助の学者としての強い思い込みが目立つ。

2　大南加羅という国名

▼「日の上」に対する「日の下」

『日本書紀』景行四〇年（西暦一一〇、干支は庚戌）七月条に「東国の夷の国の中に日高見国がある。その国に人は男女とも髪を椎《つち》のように結い、体には入れ墨をしていて、性格が勇敢である。これらをすべて蝦夷という。また、土地が肥えていて広い、攻撃して土地を奪うとよい」とある。

また同年一〇月条に「蝦夷の反乱が起きたので、天皇はヤマトタケルを派遣した。ヤマトタケルは上総から船に乗って陸奥国に入り、そして蝦夷の国の境に到着した。蝦夷の酋長たちは竹水門（たかのみなと）で防戦したが、ヤマトタケルは彼らを降伏させた。蝦夷を平定したヤマトタケルは、日高見国から帰還し、西南、常陸を経て甲斐国に到着した」と書かれている。

石渡信一郎によれば、ヒタカミのタカは加羅系の倭国の別名ナカラに由来する。四世紀の中頃南加羅から渡来した始祖王崇神は、加羅系倭国を建国した。この倭国はカラ・カヤ・ナムカラ・ナムカヤなどと呼ばれた。

古代日本語では、ナとタ交替したのでナカラはタカラに通じた。そしてラが脱落してナカ・タカとなった。中、那賀、那珂という地名がある。多賀の地名もある。ナカタやタカラのタと交替してナカタ、ナガタ、タカタになった。中田・名方・長田・高田・永田・高田の高方の地名がある。那珂郡の宝田がよい例だと石渡信一郎は指摘する。

氏によれば、このようにヒタカミのタカは南加羅に由来するが、ヒタカミのヒやヒダカのヒは朝鮮語の人というア行とカ行の音になまる。飛鳥、春日のア・イである。ヒは大という意味のキがヒとなった。ヒタカ・ヒダカは大南加羅という国名に由来する。最後のミは城を意味するが、古代朝鮮顔のキ・チがヒからビに、ビからミになまった。雷電がイナツルキ、イナツルビ、イナツルミとなまる。

日高見国のヒタカミは、北上川のキタカミに通じる。古代日本語ではカ行の子音とハ行の子音が交替したので、キタカミはヒタカミになった。日上之湊の日上は、ヒカミとふつう読まれているが、本来はヒナカミと読まれていた。古代日本語ではナとサが交替したので、ヒナカミはヒタカミであった。

手の心の意味をもつタナゴコロや目の子＝眼の意味であるマナコのナのようにノの意味をもった。そこでヒタカミはヒナカミ、ヒノカミ、つまり日の上になった。したがって、ヒタカミを日上とも表記したのである。このように北上川の北上と日高見は同義であったので、八世紀初頭の日高見国の領域は宮城県北部から岩手県地方の範囲であると、石渡信氏は考えた。しかし肝心なことは、本来は日高見がエミシの国の名ではないことである。

▼加羅系倭国と百済系倭国

石渡信一郎は「高橋富雄は日高見国がエミシの国で東国の意味と考えているが、日高見国がなぜ大《おお》倭《やまと》日高見国《ひたかみこく》と大倭《おおやまと》と連称で呼ばれていたか理解していない」と指摘する。石渡氏によれば、五世紀から七世紀にかけて、倭国の別名スカラ、アスカラ、カスカラに変わった。この時代はヤマトとも称していたから、大倭日高見国の大倭は百済系の倭国のことで、日高見国は加羅系の倭国である。

宮城県北部やその北の北上川の中流は五世紀には加羅系渡来集団によって建国された倭国の支配領域に入っていた。この領域は後の百済系倭国の支配に入る時期が他方より遅れていたので、百済系倭国の支配層はヒタカミの国、つまり日高見国と呼んだ。

顕昭の『袖中抄』のなかに書かれている。問題の「日本の中央」は、赤水も間違ったように、ふつう千島を含む日本の中央と理解されているが、「日本の東のはて」を「日本の中央」と言うのは、どうしてもおかしい。さらに石渡信一郎はこの問題を次のように解いた。

「日本の中央」の「日本」は、現在の青森県を指す語として使用されていたヒノモト、つまり日の本《もと》であり、「日の上」に対する「日の下《もと》」に由来する。本来の日高見国の語源が忘れられ、ヒタカミが「ヒノカミ＝日上」と書かれるようになり、ヒタカミ・ヒノカミが岩手県地方の呼称となった。そして現在の青森県地方は、日上《ひのかみ》、いわゆる岩手県地方より遠方にある国として、日の下がヒノシモとかヒノモトと呼ばれていたが、やがてこの「ヒノモト」が「日の下」「日の本」「日本」などと表記されるようになった。津軽安藤氏が奥州十三湊日下《ひのもと》将軍と称したことを考えれば納得がいく。

▼「道前《みちのく》」と「道後《みちのしり》」

さらに石渡氏は一九九九年一二月に三一書房から刊行した『日本地名の語源』で、壺の碑で問題になった「道」の意味を解いた。『常陸風土記』の多珂郡条の「建御狭日《たかみさひ》命が多珂国造として派遣されて、多珂郡の南の久慈郡と境にある助河を道前《みちのく》とし、陸奥国石城郡の苦麻《くま》村を道後《みちのしり》とした」という記事から、「道前」は道国の南部を指す国名で「道後」は道国の北部を指す国名と考えられるとした。助河は現在の茨城県日立市助川付近で、苦麻村は福島県双葉郡大熊町付近である。そして国名の「道」は百済系倭国の国名、キシカラ（大東加羅）のキシの変化したもので大東加羅の略称であると考えた。

加羅系倭国時代に多珂《たか》（高）国と呼ばれていた国が、百済系倭国になって道国《みちのくに》（大東加羅）と呼ばれるようになり、さらに道前国と道後国に分けられるようになった。白雉四年、天皇は幸徳の六五三年に道前国が常陸多珂郡に、道後国が道奥（陸奥）国の石城郡に改められたとみる。天皇は幸徳、内大臣が藤原鎌足の白雉三年（六五三）以前は、現在の福島県双葉郡大熊町付近が道後の北限で、それ以北の地が「道の国の奥」の意の道奥《みちのく》と呼ばれていた。

『日本書紀』に国名として「道奥」「陸奥」と記されている「天武紀」五年（六七六）以降、「道奥」から「陸奥」に改められた。陸奥はむつ・みちのく・みちのおくと呼ばれる。現在の福島・宮城・岩手・青森を含む。しかし「道奥」という呼称は、最初は東方地方の太平洋側を指していたが、やがて日本海側まで含む東北地方全体の呼称となった。

すると「壺の碑」は道の国の北限を意味する国家の道標というべき碑であったことになる。驚嘆すべき石渡信一郎の分析力である。

3　アイヌ系エミシ

▼縄文人祖先論

それではエミシは和人であったか、アイヌであったか。石渡信一郎の結論はエミシはアイヌ系であり、天皇家を中心とする日本古代国家の支配層は朝鮮系である。明治以降、数多くの論争がなされてきた。大きく分けて蝦夷＝アイヌ説と蝦夷辺民説である。歴史辞書をみてもアイヌは北日本に古来居住し、固有の言語や文化を形成し、保持してきた人々の集団をさす民族の自称という。

古来とはいったいいつなのか。そして中世や近世に蝦夷《えぞ》と呼ばれた人々がアイヌ民族という。これではなお一層わからない。それでは日本人とは何者か。和人とは誰を指すのか。キーワードは縄文人・弥生人・アイヌ・和人・日本人・蝦夷《えみし》、古代東北、朝鮮人・天皇家である。

埴原和郎《はにはらかずろう》（生没一九二七—二〇〇四。自然人類学者。東京大学名誉教授）は現代アイヌとエミシと現代和人の三集団は、いずれも縄文人を祖先とするという。埴原が言う現代和人はいまの日本人と考えてよい。埴原の説は、日本列島には弥生時代から渡来系の集団が入り、在来系の集団と部分的に混血した。渡来者の文化を吸収することによって生活様式を変化させた集団が現代和人で、縄文的伝統を長く維持した集団が現代アイヌである。

そしてエミシは現代和人と現代アイヌの中間的特徴をもっている。この埴原の考えは長い論争の最終コーナーに入った先頭集団の意見として評価されてもよい。しかし埴原がいうように、縄文人が現在のアイヌと和人の共通の祖先と考えるのは誤りだと石渡信一郎は指摘する。氏によればミトコンドリアＤＮＡのデーターは、現在の和人にはアイヌ・縄文人に近い系統とそうではない系統の二つの系統があるからである。

▼遺伝学と形質人類学の成果

ミトコンドリアＤＮＡとは、細胞内小器官であるミトコンドリアに含まれている環状ＤＮＡで、母親だけから子どもに遺伝する。また、核に含まれるＤＮＡにくらべて、ＤＮＡの基本単位である塩基が、突然変異によって置き換わるスピードが速いといわれる。この性質を利用してミトコンドリアＤＮＡは人類遺伝学でも個体間の違いを調べるのに有効な材料だ。

平成四年（一九九二）雑誌『科学』に発表された宝来聰の「ミトコンドリアＤＮＡで探る日本人の起源」がわかりやすい。宝来聡は縄文人と近世アイヌの骨から得たミトコンドリアＤＮＡを分析することで、縄文人は近世アイヌときわめて近い関係にあることを解明した。

これまでアイヌは北方系の人種といわれてきたが、石渡信一郎はＣ・Ｇ・ターナーのスンダランド南方起源説にもとづき、アイヌはスンダ大陸から日本列島に渡来した南方モンゴロイドと推定した。ちなみにＣ・Ｇ・ターナーのスンダランド南方起源説とはマレー半島からモレッカ海峡にかつて存在したスング大陸の住民のことである。

宝来聡の分析結果だけではない。B型肝炎を起こすウイルスの抗原の四つの型の一つであるａｄｗ型が台湾や東南アジアに多く、ａｄｒ型は中国・韓国に多い。日本ではこの二種類が主だという。

成人型細胞白血病を起こすウイルスのキャリアも南西諸島・九州・アイヌに多いという日沼頼夫《よりお》（生没　九二五―二〇一五。成人T細胞の成因。京都大学ウイルス研究所所長）の優れた研究がある。そのウイルスは、フィリピンでは原住民系狩猟採集民族に多いという。朝鮮人や中国人にはこのウイルスがないという（『新ウイルス物語――日本人の起源を探る』中公新書）。

▼尾本恵一の説

尾本恵一（一九三三年東京生まれ。日本の分子人類学者。東京大学・国際日本文化研究センター名誉教授）は、耳垢《あか》の湿型がアイヌは南方の台湾原住民やインドネシア人に共通するという研究をした。

尾本は一九七五年からフィリピンのネグリト人の遺伝学調査を行った。ネグリト人とはインド洋に浮かぶアンダマン諸島、マレー半島フィリピンなどに生息する小黒人の意味をもつ採集狩猟民のことだが、中央アフリカのピグミーに身長、色、縮れた髪の毛、広い鼻などよく似ている。さらに尾本は一九八二年まで、一〇〇〇人に対して一〇種の血液型検査と三〇種のタンパク型検査を行った。結果はオーストラロイド系ではなく、モンゴロイドのクラスターに含まれていた。免疫グロブリン検査もモンゴロイドであった。ミトコンドリアDNA検査も同じであった。

今から二万年前の最終氷河期には、海水が二〇〇メートルも下がり、中国南部から現在のインドネシア諸島部にかけて大陸が広がった。スンダ大陸と呼ばれる。現在のネグリト人の分布は、かつてのスンダ大陸の周辺に限られている。このネグリトやママヌワを生み出した原集団がいるはずである。その集団を仮にプトロマレーと呼ぶことにしたと尾本はいう。

二万年前のスンダ大陸は、中央アフリカに匹敵する大きな熱帯雨林が繁茂していた。壮大なストーリーである。現在のインドネシアの島々が残った。プトロマレーの居住地はしだいにせばまり、プトロマレーの子孫のネグリト集団はスンダ大陸の周辺に散らばるように居住した。南方モンゴロイドの基礎集団はオーストラロイドではなく、モンゴロイドの一部であるプトロマレー集団であったことが歯や顔面の形態学資料で確認された。おそらくこのプトロマレー集団から縄文人、そしてアイヌへと進化あったものと推定されている（『ヒトはいかにして生まれたか』講談社学術文庫）。

▼小浜基次の説

小浜基次《おばまもとつぐ》（生没一九〇四―七〇。人類学者）は現代和人の源流をアイヌ人と朝鮮人とし、朝鮮人の大量渡来を想定した。石渡信一郎は遺伝学やウイルスが示すデーターに気がつく前の一九六八年頃小浜の説を知って衝撃を受けた。小浜は長頭幅示数の分布状態から、現代日本を二つの型に分けた。東北・裏日本型と畿内型である。裏日本型の代表として東北人、畿内人を選んだ小浜の調査は徹底していた。近隣種族のアイヌ、朝鮮人、蒙古人、満州人、北中国人、タイ人、パプァ、オロッコ、東北シベリア諸族まで調べた。結果は、東北人は畿内人よりアイヌに近く、畿内人は東北人より朝鮮人に近いことが判明した。

頭長幅示数とは、頭幅を頭長で割った数値に一〇〇を掛けたものである。長頭は七五・九以下、中頭は七六・〇から八〇・九まで、短頭は八一・〇以下と区分する。つまり頭を真上から見て、卵型であれば長頭であり、極端にいえばサッカーボールのように丸ければ短頭ということになる。

九州は中頭が多いが、南九州、つまり薩摩と豊後、四国の西部・南部は軽度の短頭で、東北・北関東・北陸・山陰・北九州が中頭群であった。短頭は西日本の畿内集団が中心であった。中頭は東日本から裏日本に向かって広がり、短頭群を囲むように分布していた。これでおおよそわかることは、東北・裏日本群がまず広く分布して、その後、朝鮮半島から長身で短頭・高頭集団が渡来したことである。高頭は長い顔の事である。この集団は瀬戸内海を経て畿内に本拠を定め、一部はさらに東進した。

4　朝鮮渡来集団による国家建設

▼古代日本の支配層

金関丈夫《かなせきたけお》（生没一八九七―一九八三。解剖学者、人類学者）は土井ヶ浜、佐賀県三津永田の弥生時代の遺跡から発掘された大量の人骨を調査研究して、北部九州や山口地方では縄文人と弥生人との間に明確な断絶があることを解明した。

金関は土井ヶ浜人や三津人の形質は朝鮮半島からの渡来者と縄文人との混血によって生まれたと考えたが、現代北部九州人は中頭であることから弥生時代に朝鮮半島から渡来した人々は少なく、近畿地方に畿内型形質をもたらしたのは、弥生時代後期から古墳時代にかけて南朝鮮から渡来した人々であると主張した。

埴原和郎も弥生時代の渡来者数を約一〇万人、古墳時代の南朝鮮からの渡来者数を六七万人と推計した。しかし、埴原は翌年この数字を改め、弥生時代から古墳時代にかけて約一〇〇〇年間に一〇〇万人以上の渡来者があったとした。近畿地方の古墳時代人のような頭になるためには、縄文一に対し、渡来系九の混血率が一番近いと発表した。

ミトコンドリアDNAのデーターからみても、縄文人の血を引いていない朝鮮人の人々が多数いた。古代日本国家の支配層を含む、それらの人々から見ればアイヌ系エミシは異人種・異民族であった。石濵信一郎は、現在のアイヌと和人が縄文人を共通の祖先としている埴原和郎の説を厳しく批判する。石渡信一郎によれば、古代日本国家の支配層は南朝鮮から渡来して古代国家を建設した集団であった。四世紀半ば前期古墳文化をもたらしたのが加羅系集団であり、五世紀末以降の古墳文化をもたらしたのは百済系集団であったのである。この朝鮮からの渡来集団による古代国家の支配と侵略をベースに思考方法をとらないで、蝦夷がアイヌ系であるか、非アイヌであるかを論ずることは、糸の切れた凧のように空しい。

第5章　加羅系崇神王朝

1　東北侵略とエミシ

▼古代蝦夷と天皇家

石渡信一郎は一九九二年に三一書房から出版した『古代蝦夷と天皇家』で、加羅系崇神王朝と百済系応神王朝の二段階にわたる東方侵略の実態を明らかにした。いままでこのような分析を行った研究者はいなかった。天皇家と蝦夷・アイヌの起源との関連で古墳時代初期から始まる日本古代国家の成立過程の解明は石渡信一郎の独壇場であった。

さらにこの年の一一月、氏は『日本古代国家と部落の起源』を刊行して、部落の源流は律令国家の侵略に対して何も抵抗せずに帰順したエミシの俘囚でなく、抗戦して捕虜になったエミシの戦士であるという、驚くべき説を発表した。

当時、私の東北古代史の知識は、雄勝城の所在地論争と『陸奥話記』から得た前九年の役や後三年の役に関する物語であったが、この年に刊行された二つの著作によって、私はようやく氏の最初の著作『応神陵の被葬者は誰か』と東北古代史との結びつきをイメージすることができるようになった。

ちょうどその頃、池袋芳林堂書店で、前澤輝政の『東国の古墳』を見つけた。すでに刊行されてから九年ほど経ったものだが、置き忘れられたかのように古代史関係の書棚に場違いにならんでいた。この本は写真と詳細な地図が入っていた。一二〇頁ほどの薄い冊子であったが、持ち歩くのにとても便利であった。

私はこの本に掲載されている関東の古墳をすべて見て回ろうと決意した。疲労のため私は途中でダウンしたが、電車と歩きで一日に回れる古墳は二、三件であることがわかったので、この計画は放棄せざるを得なかった。後に前澤さんの本を出すことになって、足利の自宅に訪問した時、関東の古墳巡りで新車一台乗りつぶしたという話を聞いた。走行距離は二〇万キロにもなったという。

挫折したとはいえ、最初の意気込みの効果は大きかった。千葉富津市の内裏塚古墳（全長一四四メートル）から始まり、木更津・市原、東金・横芝、そして多摩川河口の東岸（左岸）から多摩川を上って狛江まで行った。群馬県の高崎・前橋・桐生、そして栃木県の足利・太田まで足を延ばした。足利公園の頂上の古墳に登って眺めた黄昏時の関東平野を忘れることができない。

埼玉県比企郡の将軍塚古墳（全長一一五メートル）の時は方向がわからず、かぎりなく広い田圃の中をダラダラ彷徨《さまよ》い歩いた。かなり有名であっても古墳をみつけるのは時間がかかる。とくに地方ほど車の往来が激しく、歩行者道路はないにひとしく、溝板の上を歩かなければならない。バスはあっても一日一本か二本だ。

しかし郷里の秋田に行ったときは事情が違った。『古代蝦夷と天皇家』に載せる写真撮影のため岩手県水沢まで行った。雄物川町深井を車で出発したのは午前五時頃であった。国道三五七号線沿いの岩手県奥州市胆沢南都田《なつだ》にある角塚古墳を写真に撮り、水沢市内から北上川の対岸のアテルイの本拠地と言われている出羽神社に寄り、それから国道三四二号線沿いの黒石寺《こくせきじ》を見た。

石渡氏にはこの寺と成島の毘沙門（岩手県花巻市東和町北成島）はぜひ撮影してくるように頼まれていた。黒石寺の蘇民祭は旧暦正月七日の夜から翌朝にかけて行われるという。達谷《たっこく》の窟《いわや》から厳美渓《げんびけい》を経て、国道三四二号線の須川温泉に到着したのは昼過ぎであった。その温泉で一休みした後、実家の深井に戻ったのは午後三時前であった。驚くべき車の走行距離である。

▼五胡十六国時代の朝鮮半島

さて、加羅系倭国王朝と百済系倭国王朝に関する石渡信一郎の研究成果を無視して、もはや日本古代史を語ることはできない。すでに先述したように、形質人類学や分子遺伝学の分野で大量の渡来人があったことを認めざるを得ない。しかし、その自然科学者たちも日本古代国家の成立になると、とたんに横道に入って知らないふりを決め込むか、飛び上がって後戻りするかだ。

中国では西晋が滅んだ三一六年頃から五胡十六国時代に入った。すでに二八六年には高句麗が帯方郡を襲い、二九四年には鮮卑族の王慕容魔《もうようま》が高句麗の大棘城を占拠した。帯方郡は後漢末に公孫康が、朝鮮半島南部の韓・穢《わい》を支配するために楽浪郡の南部を分割して設置した郡である。楽浪郡は紀元前一〇八年に前漢の武帝が衛氏朝鮮を滅ぼして今の平壌付近に置いた郡である。

三一一年、高句麗は晋の永嘉の乱に乗じて西安平県を奪った。そして三一三年、高句麗美川王は楽浪・帯方郡を滅ぼして勢力を平壌まで拡大した。しかし、三四二年には燕王を称した鮮卑の慕容皝が高句麗の丸都《がんと》城を襲って王と王妃を拉致した。丸都城は国内城ともいい、現在の中国吉林省安県である。

三四三年、高句麗の王故国原は父美川王の屍《しかばね》を取り戻して前燕の冊封体制に入った。前燕の慕容皝が故国原王に与えた位は、営州諸軍事征東大将軍営州刺史楽浪公高句麗王という大変長たらしいものであった。漢・三国時代を通して続いた中国の朝鮮に対する一元的支配はすでに終わっていた。四世紀中頃には朝鮮半島の南でも馬韓《ばかん》が百済、新羅、辰韓から新羅が独立国家として成立した。五胡十六国時代をみても、当時諸民族の建国が盛んであった。

2　三角縁神獣鏡の正体

▼垂仁が造った鏡

石渡信一郎は五胡十六国時代に畿内に日本の古代国家が生まれたと考える。古墳時代が始まったのもこの頃であり、日本の畿内に古代国家を建設したのは朝鮮南部から渡来した集団であった。この加羅系の渡来集団は北部九州の邪馬台国を滅ぼし、瀬戸内海沿岸を東進して奈良盆地の東南部の纏向《まきむく》の地に王都を定めた。

初代王の名は崇神という。ミマキイリヒコイニエ（御間城入彦五十瓊殖天皇）とも呼ばれる。崇神の墓は強大な前方後円墳の箸墓古墳である。崇神王朝は支配の象徴として三角縁神獣鏡を各地の豪族と支配下に分与した。三角縁神獣鏡は現在まで五〇〇枚以上出土している。

三角縁神獣鏡のなかには、景初三年や正始元年の年号が入っている鏡がある。魏に遣使した二三九年であり、正始元年は西暦の二四〇年である。石渡信一郎は三角縁神獣鏡のすべては国内産であるという説に同意する。三角縁神獣鏡のもっとも古いものでも四世紀後半をさかのぼらないとみる。したがって氏は三角縁神獣鏡が崇神とその後継者垂仁（活目入彦五十狭茅《いくめいりひこいさち》）が邪馬台国を装って作った鏡とみている。

この三角縁神獣鏡の出現は、中国冊封体制下のなかで朝鮮三国（高句麗・新羅・百済）や自らの出自を偽らざるを得なかった当時の倭国の置かれていた厳しい東アジアの状況を物語っている。もし崇神が南加羅から渡来して倭国をつくったことがわかれば、宗主国である中国に国を没収され、属国に転落することが自明であるからだ。

▼同笵鏡の出土

崇神王朝が東北に侵略したのはいつか。すでに関東地方は崇神王朝の支配下にあって、東北侵略の拠点になっていた。千葉県市原市の神戸《こうど》古墳は近畿・瀬戸内海系の円丘を基本としている。この古墳から庄内式土器や東海地方の土器が出土している。庄内式土器は纏向二・三式という。この地方は四世紀後半に崇神王朝の支配下に入っていた。

四二五年前後には関東地方北部まで崇神王朝の版図が広がった。千葉県木更津の手古塚《てこづか》古墳、川崎市の鶴見川流域の白山古墳の三角縁神獣鏡は、現在慶応大学に保存されている。相模湾岸に近い相模川下流西岸の真土大塚山古墳の三角縁神獣鏡は京都椿井山古墳、岡山湯迫《ゆば》車塚古墳の出土鏡と同笵鏡だ。

多摩川河口北岸の多摩川台地の突端に亀甲山古墳と宝来山古墳がある。宝来山古墳は柄鏡式の桜井茶臼山古墳と同形である。前橋天神山古墳は全長一二九メートルだが、前方部は跡形もない。手すりのついた階段を二〇メートルほど上ると、後円部の墳頂が二五メートル四方前後の公園になっている。ここから出土した天皇日月銘の三角縁神獣鏡は大和桜井茶臼山古墳と同笵鏡と言われている。同笵鏡とは同じ原形または同一の鋳型によって鋳造された鏡のことである。

会津若松には全長一一四メートルの会津大塚山古墳がある。盆地西の坂下《ばんげ》町にある杵《きね》ヶ森古墳はもっと古く、四二五年前後の古墳と推定されている。箸墓古墳と墳丘の形が酷似している。この古墳の周囲は方形周溝墓群で囲まれ、そこから出土する土器は北陸地方の土器と共通するという。阿賀野川河口から上がってきたのだろう。

会津若松大塚山古墳は一〇〇メートル以上の古墳では東北地方最古だが、南北に二基の割竹形木棺と鏡・玉・武器の副葬品が出た。南の棺からは三角縁神獣鏡や環頭太刀が発見された。三角縁神獣鏡は岡山県鶴山古墳からも同笵鏡が出ている。靫《ゆき》には直弧文《ちょっこもん》が刻まれていた。直弧文とは直線と直線の弧線が交差する文様だが、この文様と同じものが大阪の紫金山古墳の貝輪に見られる。

3　加羅系渡来集団の進出

▼塩釜式土器

会津大塚古墳と同じ塩釜式期に造営されたと考えられる大型前方後円墳は、仙台市郊外を通過する国道四号線の沿道にある全長一一〇メートルの遠見塚《とうみ》古墳だ。そのほかに名取市の全長一六八メートルの

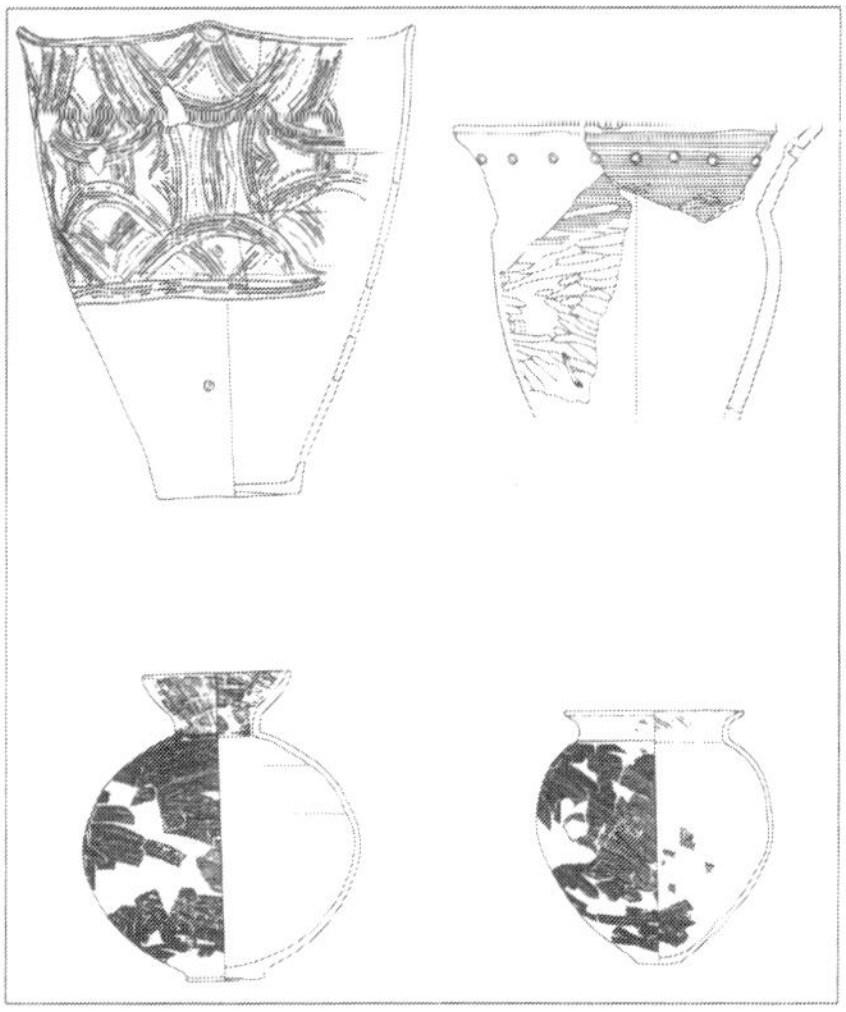

上段左の壺は後期 C2-D 式土器、札幌市 K135 遺跡４丁目地点から出土、上段右図が「岩手県滝沢村高柳遺跡から発見された北大式土器。下段の二つは豊北地方の南半分の福島県浪江町本屋敷古墳群の前期古墳に出土する塩釜式。北陸地方からの影響が見られる（坪井清足監修『古代日本９巻 東北・北海道』より。一部改変）。

雷神山《らいじんやま》古墳、福島県いわき市の全長一一八メートルの玉山古墳、会津坂下町の亀ヶ森古墳だ。全長一二七メートルある。

　塩釜式とは東北地方の古墳時代前期の土《は》師《じ》器のことであり、福島県・宮城県・山形県から多く出土する。この最古段階の土師器は、北陸地方などから移住した加羅系の渡来集団がもたらしたものと石渡信一郎は想定する。

　雷神山古墳から少し遅れた時期に造営された名取市の経《きょう》の塚古墳は直径三六メートルの円墳だが、石棺の中から人骨二体分の骨と、鹿角《ろっかく》製刀装具がついた太刀が二口発見された。

　鹿角製刀装具は、古墳から出土する太刀のなかで柄頭《つかがしら》や鞘口《さやぐち》などの鹿角製の装具を使い、直弧文がほどこされているケースが多いが、全国的に出土する。中心は畿内と見られている。朝鮮半島南部の加羅地域でも、慶尚南道咸安郡咸安伊山三四号墳と慶尚南道昌寧校洞八九墳から出ているので経の塚古墳の被葬者は加羅系の支配層と考えられる。

▼南小泉式土器と後北C式土器

塩釜式に続く東北地方の土師器は南小泉式と呼ばれた。盛岡市の永福寺山《えいふくじやま》遺跡では塩釜式土師器と小泉式土師器と後北C式と呼ばれる北海道系土器が出土した。後北C式土器は江別Ⅲ式とも呼ばれ、叡福寺山遺跡のほかに岩手県北部の馬淵川流域や北上川流域の各地、日本海沿岸の秋田、新潟県まで及んでいる。

とくに岩手県の北部、盛岡から青森の県境の北上山地側に集中する。盛岡・厨川・滝沢・渋民・好摩・沼宮内《ぬまくない》・小繋《こつなぎ》・一戸・二戸・斗米《とまい》と盛岡から東北本線は北上川に沿って北上する。後北C式土器は九戸郡軽米町のスワ森・駒木遺跡、野田村古舘山遺跡、下閉伊郡老町新田平遺跡、玉山村芋田・牡丹野・川口遺跡、滝沢村仏沢などである。秋田県では能代市の寒川遺跡が著名だ。

秋田県の寒川Ⅱ遺跡からは後北C式土器と一緒に弥生時代最終末からそれを下る天王山式土器が同じ地層から出土した。この弥生時代終末期の天王山式土器の分布圏と後北C式とC式土器の分布圏は東北地方の大部分で重なるという。札幌駅構内から天王山式土器と後北C式土器が一緒に出土したことからも、エミシは東北地方ばかりでなく、北海道中央と南部にも居住していたと、石渡信一郎は指摘する。

氏によれば、東北地方に後北C式土器が分布しているのは、北海道の住民が南下してきたのではなく、東北地方で天王山式土器を使用していたエミシが後北C式土器を使用していたエミシの後北C式文化を受け入れたということである。

というのは、エミシが北海道から南下してきたという説がまだ根強いからである。盛岡の永福寺山遺跡の後北C式土器と塩釜式土器が同時に出土したことは、五世紀半頃までに、加羅系崇神王朝の支配勢力が北上川南部まで延びていた。一部は北上川の中流まで進出していたことがわかる。

4　垂仁＋倭の五王「讃・珍・済・興・武」

▼初代崇神と二代目垂仁の墓

加羅系崇神王朝は崇神・垂仁＋倭の五王「讃・珍・済・興・武」の七人の王の約一〇〇年間の統治を指す。七人の最後の王「武」は百済から崇神王朝の倭王「済」に婿入りして、百済系王朝、すなわちヤマト王朝の始祖王となった百済の王子昆支のことである。昆支は百済蓋鹵《こうろ》王の弟で左賢王（後継者）であったが、四六一年崇神王朝の済の娘で興の妹ナカツヒメを后とした。またナカツヒメの妹メノコヒメは継体（昆支の弟）の后となった。

興の死後の四七八年昆支は倭国王になった。四七九年昆支の子東城王は百済に帰国し即位した。五〇一年東城王の弟武寧王が百済王となった。武寧王陵の斯麻《しま》王のことである。斯麻王は隅田八幡人物画像鏡の男弟王《なむておう》（継体）に鏡を贈った本人であり、男弟王の甥にあたる。隅田八幡鏡銘文の「日下大王《そか》」は昆支大王のことで倭の五王の一人武王である。

崇神＋垂仁と倭の五王「讃・珍・済・興・武」の始祖王崇神の墓は箸墓古墳である。垂仁の墓は奈良市尼辻町の宝来山古墳といわれているが、四一〇年頃に亡くなった垂仁の墓としては三〇年ぐらい新しい。石渡信一郎の推定では天理市柳本にある全長二七〇メートルの行燈山《あんどん》古墳である。行燈山古墳を基点とする南北四キロ、東西約一キロの範囲に約五〇基の古墳群が集中する。大和古墳群ともいう。北は萱生《かよう》古墳群、真ん中が柳本古墳群、南は箸中《はしなか》古墳群に分けられる。三四枚の三角縁神獣鏡が出土した黒塚古墳は行燈山古墳の西三〇〇メートルの位置にある。

▼倭の五王讃・珍・済・興・武の墓

全長三〇〇メートルの渋谷山《しぶたにやま》古墳は讃の墓だ。景行天皇陵とも呼ばれている。桜井線の纏向駅から北東七〇〇メートルのところだ。行燈山古墳の前の国道を南に下ると沿道に巨大な姿が見える。前方部を国道の方に向けている。讃は四二一年と四二五年の二度に渡って宋に貢献した。

珍は四三八年宋に貢献した。宋の文帝から安東将軍に任ぜられた。すでに四二〇年に高句麗の長寿王は征東大将軍に、百済の腆支王（在位四〇五―四一四）は鎮東大将軍に任ぜられた。近鉄京都線の平城駅を下車して東に三分ほど歩くと全長二〇七メートルの五社神《ごさし》古墳がある。珍の墓だ。垂仁の后、日葉《ひば》酢《す》媛《ひめ》の陵といわれている。日本書紀によると殉死の替わりにはじめて埴輪を立てたと記録されている。江戸時代には神功皇后陵をされていた。

済の墓は大阪の藤井寺に移る。全長二九〇メートルの中津山古墳だ。応神陵に近い。応神陵は墳頂部を東南に向けているが、仲津山古墳は北東に向けている。互いに斜めに尻を向け合った様子に見える。二つの古墳の前方部の間を国道が西北に走っているが、その先は津堂山古墳だ。近くを大和川が流れる。津堂山古墳の築造年代は四六〇年代から四七〇年代前後で、倭の五王に一人済の墓に推定されている。済は武の養父である。

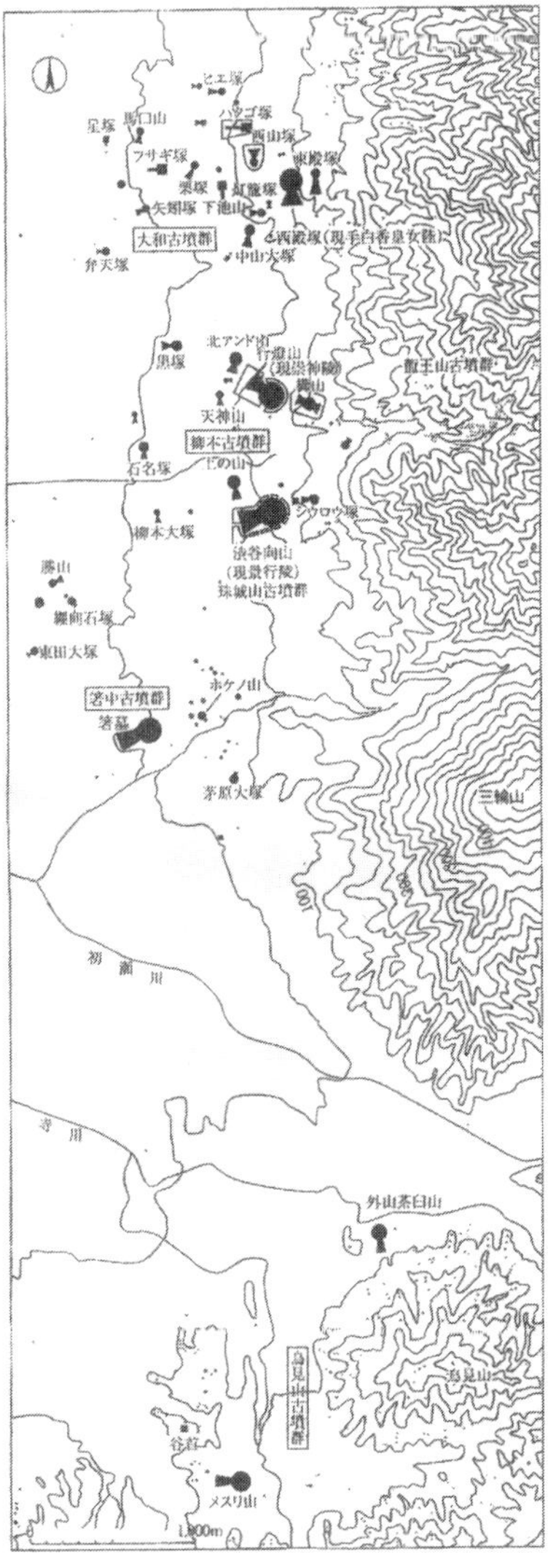

奈良盆地東南部における大型古墳の分布

①百舌鳥古墳群の主要古墳

②古市古墳群の主要古墳

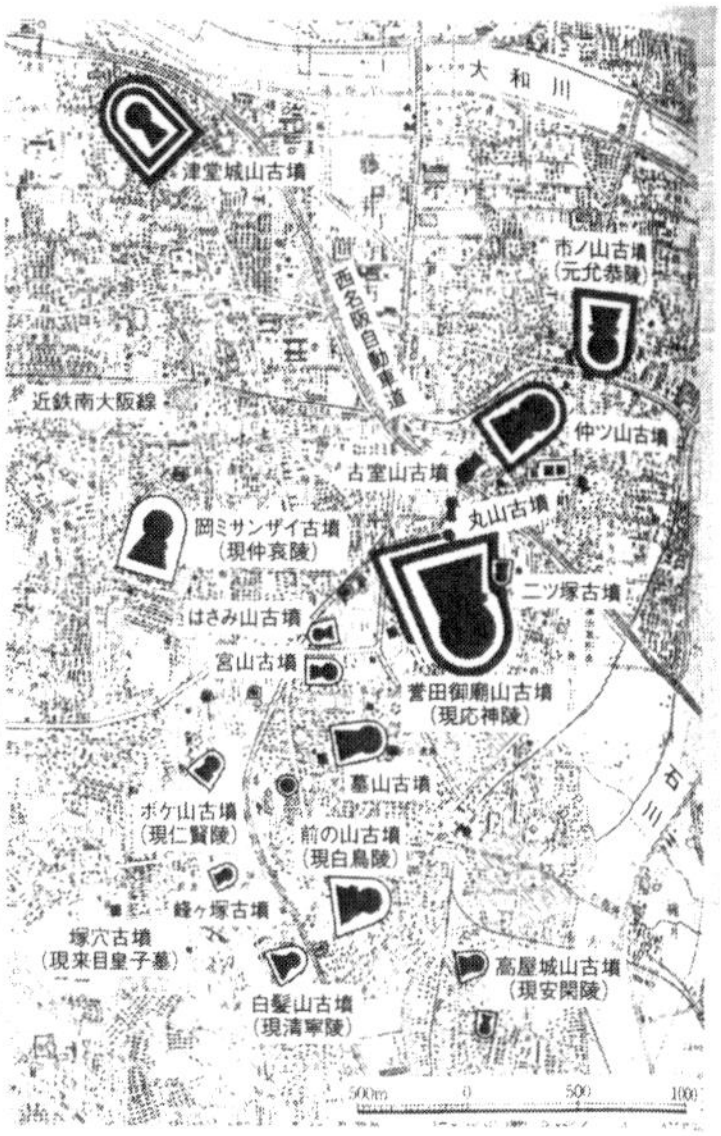

①②とも、白石太一郎編『古代を考える　古墳』（吉川弘文館、1989年）に加筆

済は『宋書』の武の上表文に書かれている「臣下が亡考済」の済にあたる。亡考とは死んだ父のことである。四四三年安東将軍・倭国王に任じられた済は四五一年に宋の文帝に貢献し、安東大将軍に任ぜられた。済の子の興の墓は堺市にある石津丘古墳だ。履中天皇の墓ともいわれる。興は四七七年から四七八年に亡くなったと石渡信一郎はみている。

興は四六二年に安東将軍・倭国王に任じられたと『宋書』に記録されているが、石津丘古墳は全長三六〇メートルの長大型の前方後円墳だ。仁徳陵の南西にあり、墳丘の中軸線を仁徳陵とほぼ同じ北東に向けている。仁徳陵、応神陵に次ぐナンバー3の大きさだ。

最後の倭の五王の武は四七八年に宋に貢

献して安東大将軍・倭国王に任じられている。ちょうど宋から斉に代わる時である。武の墓は大阪羽曳野誉田《ほむた》の誉田山古墳だ。応神陵という。全長四二五メートルだ。誉田山古墳の被葬者の武は応神と同一人物といって間違いない。

第6章　百済系倭王朝の時代

1　百済から渡来した昆支王

▼昆支王の弟継体の墓と欽明の墓

倭王武の時代から倭国の支配は加羅系から百済系に入った。大阪府陶邑《すえむら》の須恵器の主流が加羅系から百済系に代わり、百済系の古墳が出現した。百済から渡来した昆支は倭国王となったが、五世紀末頃ヤマト王朝を建国して初代王となった。昆支の死後、即位したのは継体である。

継体は隅田八幡宮の人物画像鏡に記されているように昆支の弟（男弟王）である。仁徳陵といわれる堺市にある全長四八メートルの大山古墳の周囲の陪塚から出土する円筒埴輪の年代は六世紀初頭という。森浩一もそれに納得する。

仁徳が仁徳六〇年（三七二、干支は壬申）に石津原に領地を定め、死んで陵に葬られたのは三九九年だが、円筒埴輪の年代と日本書紀が記す年代と大きな齟齬を一体どのように説明をするのか。考古学の一線を歩んだ喜田貞吉も森浩一も頭を抱える問題である。

このような問題は崇神・景行・応神天皇にも言える。しかし仁徳陵に埋葬されている大王が継体であればピッタリと合う。継体の死の直後の年の辛亥年（五三一）のクーデターで欽明は継体の子、安閑・宣化を殺害した。欽明は昆支の子ワカタケルという。稲荷山鉄剣の銘文にある獲加多支鹵大王と同一人物である。日本書紀は欽明を天国排開広庭《あまくにおしびらきひろにわ》天皇といい、古事記は天国押波流岐広庭《あまのくにおしはるきひろにわ》天皇という。欽明は五三一二年に即位し、五七三年まで四一年間の長期に渡って倭国を支配した。

欽明は宣化天皇の娘石姫を妻として敏達を生んだ。敏達は五八五年まで在位した。また欽明は昆支王統の堅塩姫《きたしひ》も妻にして、蘇我馬子を生んだ。日本書紀では用明天皇は敏達天皇の子で敏達の後を継いだことになっているが、馬子の分身であり同一人物である。

欽明の墓は奈良県橿原の見瀬丸山古墳である。近鉄吉野線の岡寺駅のホームからその巨大な姿を見ることができる。後円部の墳丘部は鬱蒼とした樹木が生い茂っているが、前方部は雑草で覆われ、北西方向に向けた三一〇メートルの巨大な姿はなぜか寂しい。

継体天皇時代に毛野《けぬ》国が上下に分割された。毛野国とは今の群馬県全域と栃木県南部に辺り、上毛野国、上野《こうずけ》国とよばれるようになる。群馬県の全長二一〇メートルの太田天神山古墳は、五一〇年から五二〇年前後の前方後円墳であるが、この古墳を最後に太田市周辺から前方後円墳が衰退していった。それとは対照的に群馬県前橋市南部と栃木県小山市周辺に新たな前方後円墳が造営され始めた。

百済系倭国は五二五年前後から関東地方の加羅系勢力を支配下に入れ、同じ頃東北地方南部の加羅系勢力を服属させた。供膳用器種も高杯から深い椀型の器に変化した。いわゆる共用器から銘々器に変化した。椀や鉢の増加は各人がおのおのの食器をもって食事をとる朝鮮三国の食事習慣が日本に浸透したことを物語っている。土器の変化と同時に竪穴式住居にカマドが取り付けられた。作り付けカマドは明らかに朝鮮からもたらされたものであった。

▼百済系群集墳の大量出現

古墳は小型化して分布の中心はダイナミックに移動した。東北地方南部では古墳分布は広がり、密度も増大した。日本最古の前方後円墳である角塚古墳が岩手県胆沢に築造された。須恵器の形式から角塚古墳の実年代は五三〇年から五五〇年前後とみられている。

角塚古墳は水沢市から西六キロの国道三九七号線を西に行くと秋田県の東成瀬村、増田町にいたる。角塚の墳丘の型は仙台の遠見塚古墳に類似しているので、仙台平野一帯を支配していた加羅系一族の首長と判断できるが、すでに欽明天皇の勢力が岩手県南部まで拡大していたので、角塚古墳の被葬者は百済系倭国に属していたと考えられる。

六世紀後半になると群集墳が出現した。福島県の真野古墳群、宮崎県南部の台町古墳群、磧《せき》の窪塚古墳群などである。真野古墳群は九五基、台町古墳群一六〇基、磧の窪古墳群は二〇基前後である。山形市のお花山古墳群は三九基の群集墳である。

六世紀後半には宮城県北部の黒川郡大小寺古墳群は一〇余基だが、七世紀半ばには宮城県北部の加美色麻町には五〇〇基を越す群集墳が形成された。その色麻町から一〇キロ北の玉造郡岩出山町の近くを流れる江合川北岸の川北横穴群には上野目・久保・下野目・逢坂にかけて約一〇〇〇基の横穴群がひしめいている。

群集墳は百済系渡来人が残したものである。六世紀中葉以降のカマドの模型や百済製の刀など副葬する群集墳や横穴式の急増からも、その頃百済から大量渡来がピークになったことがわかる。

宮城県北部の栗原郡瀬峯町泉谷館跡の集落には七世紀初めの関東土器が出土する。色麻古墳群の横穴式石室の構造も埼玉県北部地域の群集墳に類似しているという。石渡先生は、『続日本紀』元正天皇霊亀元年（七一五年）の住民移配を意図する次のような記事からも、すでに関東地方の住民の東北地方への強制移住が行われていたものとみている。

▼元正天皇の詔

元正天皇は諱《いみな》（実名）は氷高という。天武天皇の孫であり、日並知皇子《ひなめし》（草壁皇子）の皇女である。天皇は霊亀元年（七一五）九月二五日、位を元明天皇から譲り受け、大極殿で即位し次のように詔《みことのり》した。

朕《ちん》は天皇の位を譲るという先帝の命をつつしんでお受けし、敢えて他の人を推して辞退することもせず、天子の位について、国家を安泰にはかろうと思う。ここに今、左京職から貢進しためでたい印の亀を得たが、これは即位にあたって天がそのしるしを表したものである。天地の賜に対してはお報いしなくてはならない。

そこで和銅八年を改めて霊亀元年とし、死罪の軽重にかかわらず、すでに罪の発覚したものも、まだのものも、裁判により罪の決まったもの、まだ審理中のもの、囚われて現に獄につながれているものも、悉く赦免する。ただし殺人を謀議してすでに実行したもの、贋金造り・強盗・窃盗・及び通常の赦《ゆるし》（罪）で許されない者は、いずれも赦免の限りではない。

親王以下百官の人々と、京・畿内の諸寺の僧尼、天下の諸社の神職たちには、その身分に応じて物を授ける。高齢者・男女のやもめ・孤児・独居老人・病人で生活できない者には、その状態を調べて物を恵み与える。孝子・順孫（祖父母によく仕える孫）・義父・節婦は、その家の門と村の入口に、その旨を記し終身税負担を免ずる。全国の今年の租を免除する。また五位以下の官人の子孫で、二十以上の者には蔭位《おんい》を授ける。祥瑞《しょうずい》を貢上した大初位下の高田首久比麻呂《たかだのおびとくいまろ》には、従六位と絁《あしぎぬ》二十疋・真綿四十屯・麻布八十端・稲三十束を授ける。

同年一〇月七日、次のように天皇は詔した。

国家が栄えよく治まるためには、人民を富ませることが大切である。人民の富ませる根本は、財産をふやすことに専念させることである。それ故、男は農耕をつとめ、女は機織を修め、家は衣食が豊かになり、人民に恥を知る心が生ずれば、刑罰を必要としない変化が起こり、大平の風習を招くことができる。だからそのようにわが官民は努力しないでよかろうか。

今、諸国の人民は生業の技術をきわめておらず、ただ湿地で稲を作ることのみ精を出し、陸田《はたけ》の有利なことを知らない。だから大水や日照りに会えば、貯えの穀物もなく、秋の取入れができない多くの飢饉に見舞われる。これはただ人民の怠けによるだけでなく、国司が教え導かないことに因る。

なすべきことは人民に命じて、麦と稲とを共に植えさせ、成年男子一人ごとに二段の割合となるようにはかれ。およそ粟というものは、長く貯蔵しても腐らず、いろいろの穀物のなかで最もすぐれたものである。

このことを広く天下に告げ、力をつくして耕作させ、適期を失わないようにさせよ。その他の雑穀については、人々の力に応じて割り当てあてよ。もし人民の中で、稲の代わりに粟を租税として出す者があったら、これを許せ。

一〇月二九日、陸奥の蝦夷で第三等（蝦夷に与えられた爵位の第三位）の邑良志《おらし》別君《わけのきみ》手蘇弥奈《うそみな》らが言上した。「親族が死亡してしまい、子孫が数人しか残っていません。そのために常に蕃族に侵略されることを恐れています。どうか、香河村《かかわ》に郡家（郡の役所）を設けて、私たちを編戸民《へんこ》（戸籍に登録された民）に入れて、永く安心して居られるようにしていただきたい」と。

また蝦夷の須賀君古麻比留《すがのきみまひる》らが言上した。「先祖以来献上を続けております昆布は、常にこの地で採取して毎年欠かしたことがありません。今この地は国府から遠く離れているため、往復に何十日もかかり、大へん苦労が多いです。どうか閉村《へのむら》に郡家を建て、一般の人民と同じ扱いにしていただければ、共に親族を率いて、永久に貢献を欠くことはありません」と。いずれもこれを許した。

2　藤原仲麻呂と孝謙天皇

▼桃生城と雄勝城

廃帝淳仁天平宝字三年（七五九）九月二六日、天皇の発表があった。藤原朝猟《あさかり》が天平宝字六年（七六二）と多賀城に刻んだ三年前の七五九年の事である。天皇は淳仁である。淳仁は藤原仲麻呂に擁立され、孝謙天皇が譲位した後の天平宝字元年（七五七）八月一八日に即位した。舎人親王の子で大炊王という。

天平宝治四年（七六〇）六月、仲麻呂を強力にバックアップしていた光明皇后が亡くなった。光明皇后は藤原不比等と県犬養橘三千代の女子で、聖武天皇の母である藤原宮子は異母姉にあたる。

天平宝治八年（七六四）仲麻呂が道鏡派に琵琶湖の勝野鬼江で斬殺されたのち、淳仁は道鏡・孝謙に廃帝されて淡路で死んだ。淳仁の墓は淡路島の南淡町賀集にある。鳴門海峡が近い。即位してから八年目の三三歳であった。ところで天平宝治三年（七五九）九月二六日の淳仁の発表は次のような内容であった。

陸奥の桃生城・出羽国の雄勝城を造らせているが、工事に従事している郡司・軍毅・鎮守府の兵士・馬子ら合わせて八一一八人は、今年の春から秋にいたるまで、すでに故郷を離れて生業にかかわっていない。このことは極めて遺憾に思っている。今年負担する出挙《すいこ》の税を免除せよ。ここでいう軍毅とは軍団の将のことであり、出挙とは春に官稲を農民に貸し付ける稲の高利貸しのことだ。

そして初めて出羽国の雄勝・平鹿の二郡に、玉野・避翼《さるばね》・平戈《ひらほこ》・横河・雄勝・助河ならびに陸奥国の峠𡺸《みねもと》に駅家《うまや》を置いた。玉野・避翼・平戈は山形側で、横河は今の横堀の手前の寺沢辺りと考えられているので秋田県に入る。駅家は主要な道路に現在の距離で四里ごとにおいた宿泊・通信施設である。

問題は助河の位置だが、皆瀬川沿いの八木辺りでないかと新野直吉は推定している。ほかに由利方面のコース、秋田城に至る河辺郡石見川沿い、仙北方面の説などがある。ところで新野直吉は雄勝城の払田柵説には反対の立場である。

九月二七日には、坂東の八国と越前・能登・越後・越中の四国の浮浪人二〇〇〇人を雄勝の柵戸とした。また相模・上総・下総・常陸・上野・武蔵・下野の七ヵ国から送られてきた兵士の武器を一部保留して、雄勝・桃生の二城に貯えた。

▼犯罪者の流刑地

浮浪人や犯罪者を雄勝城に移配した記事は、天平宝字元年（七五七）の記事にも出てくる。これは七月一二日条の後半の意味深長な言葉なので紹介する。孝謙天皇が退位する一ヵ月前である。前半は六月橘奈良麻呂が起こした仲麻呂暗殺計画が破綻したことを報告している。この乱は藤原仲麻呂が反仲麻呂派に強行した支配・分断工作に端を発した。中心人物の橘奈良麻呂は兵部卿から右大弁に降格され、共謀者の一人大伴古麻呂も陸奥按察使兼鎮守府将軍として陸奥国に左遷された。

暗殺計画は山背王《やましろ》の密告で暴露され、上道斐太達《かみつみちのひだつ》の裏切りで決定的になった。まず小野東人《おののあずもんど》、答本忠節《とうほんちゅうせつ》が逮捕され、安宿王《あすかべ》・黄文王《きぶみ》・塩焼王・道祖王《ふなど》のなかから一人を新天皇として選ぶという計画であった。この事件は皇位継承が絡んでいるだけに深刻であった。道祖王、黄文王、大伴古麻呂、橘奈良麻呂が処刑され、右大臣藤原豊成が大宰府外師に左遷された。

ここで天皇はクーデター計画に祭り上げられた黄文王を久奈多夫礼《くなたぶれ》と呼び、道祖王を麻度比《まどい》王と呼んだ。多夫礼とは誑《たぶら》かす者、麻度比とは惑うという意味である。黄文王は長屋王の子で兄は安宿王である。長屋王の変では母が藤原不比等の娘であったので助命された。七月八日には正六位の藤原朝猟が従五位を受け、陸奥守に任じられた。

天皇の言葉では久奈多夫礼に欺かれて、陰謀に加わった人民は都の土を踏むこと汚らわしいので、出羽国小勝城の柵戸に移住させるというものであった。さらに七月一六日の天皇の発表によると、凶悪な反逆の徒《やから》はクーデターに関係した者を辺地の軍隊の下に流された。しかしここでは、辺地とはいってもどこなのか、また具体的に人数、どのクラスの人間が流されたのか明らかでない。いずれにしても、軍隊が駐屯した地域が陸奥か出羽の城柵であったと思われる。

▼雄勝城完成

不幸・不恭・不友・不順な者がいれば陸奥国の桃生、出羽国の小勝に流して、風俗を正して辺境の防備にあたらせるという、脅かしとも威嚇ともいえる話は、すでに天平宝字元年（七五七）の四月四日の孝謙天皇の発表のなかにも出ている。藤原仲麻呂は大炊王を田村第の仲麻呂宅に住まわせていたが、右大臣以下の了解をとっていよいよ大炊王を皇太子に立てることに決定していた。

孝謙天皇の詔は、大炊王の立太子の件が主なる内容であった。こうしてみると雄勝柵と桃生柵は流刑地ともいえるだろう。開拓と流刑地、戦争と侵略の最先端基地としての機能を雄勝柵と桃生柵は果たしていた。

この年の五月八日、大納言で従四位の藤原仲麻呂は紫微内相《しびないしょう》に昇格した。紫微内相とは紫微台の長官のことで、仲麻呂はついに軍事権も掌握した。天平宝字四年（七六〇）正月四日仲麻呂は従一位に昇格して大師になった。この同じ日に雄勝城が完成したことで天皇から褒賞があった。

按察使兼鎮守将軍・正五位下の藤原忠美朝獦は、荒夷《あらえみし》を教え導き、皇化に馴れ従わせ、一戦も交えることなく雄勝城を完成させ、また陸奥国牡鹿郡では、北上川をまたぎ、高く険しい峯をこえて桃生柵を造り、賊の拠点を奪った。朝獦を抜擢して従四位を授けるというものであった。この年の六月七日、光明皇后がなくなった。六〇歳であった。東大寺や全国の国分寺を創建したことも、もともと光明が聖武天皇に勧めたからだと『続日本紀』は記録している。

3　移配と差別の雄勝城

▼差別

雄勝を「小勝」、「男勝」と書くのはなぜかと板橋源は「出羽国雄勝城考」のなかで疑問を呈している。この論文は一九六二年発行の『出羽路』に掲載された。論文執筆の動機は板橋源が羽後町足田《たらだ》字雲雀野《ひばりの》の発掘調査の担当者として岩手大学から参加することになったので、事前に雄勝城の諸説を一通り取り上げてみようということからである。

所在論争の諸説はともかく、板橋源は「ヲガチ」の用字法の問題から入っている。板橋の調べではこの用字法が異なっているのは、天平宝字七年（七六三）代までであって、それ以降はすべて「雄勝」になっているという。しかも「小勝」「男勝」「雄勝」となっているのは『続日本紀』のみだという。

　そこで板橋源はわかりやすく理解するため、村名・地域名・柵・城・郡・駅の一覧表を作った。村名は雄勝が二回、男勝が一回、小勝が一回、地域名では男勝一回、小勝一回、柵・柵戸では小勝二回、雄勝一回、城・郡名・駅名は合わせて五回使用されているが、すべて雄勝であった。

　板橋はもう一つ、『続日本紀』の宝亀四年（七七三）から「三代実録」元慶七年（八八三）までに登場するヲガチ二七件を表に作成した。この「ヲガチ所出史料表」を見ると、小勝が出てくるのは全部で四回だが、四回とも天平宝字年代であることがわかったのである。

　「三代実録」とは『日本三代実録』のことで、平安時代に編纂された歴史書六国史の第六にあたり、清和・陽成・光孝天皇の三代である。天安二年（八五八）八月から仁和三年（八八七）八月までの三〇年間を扱う。

　板橋の解釈によると、村名は三様の用法で表されているが、単なる混用といってよく、地域名も用字法にこだわる必要もないということだ。柵の場合も混用されているだけで同一と判断してよい。板橋の結論は「小勝」と「雄勝」という用字法の差異を立論することはできないということであった。

　問題は長年にわたる考古学上の議論であるが、たとえば秋田県仙北郡の払田《ほった》柵跡や山形県の城輪《きのわ》柵跡からも確定できないので、混用の類であって特別の相違があるのではないというのが板橋の考えである。

　ところで私は、板橋の論文を読みながらある一つのことに気がついた。問題は天平宝字年代だけに登場する「小勝」のことである。『続日本紀』を読むと、明らかに「雄勝」との用法上での相違がある。というのは、最初に登場する天平宝字元年四月四日の「小勝」は大炊王の立太子に関する詔の勅のなかで不幸・不恭・不友者があれば、「小勝」に配属するというものである。つまり、反体制派ならびに不審な者は「小勝」に流すと意味での流刑地＝小勝であった。

天平宝字元年（七五七）七月小勝も、天皇が反仲麻呂派の陰謀と関係者の処分を発表し、久奈多夫礼《くなたぶれ》らに欺かれて陰謀に加わった者は、都に土を踏むのは汚らわしいので小勝村の柵戸に移住させよという。これらのことから小勝は不幸、反乱、国家反逆罪に類するものが流刑される場所でもあった。

天平宝字二年（七五八）一二月八日の小勝は、坂東騎兵・鎮兵と帰順した蝦夷に小勝柵を造営させた記事なので、これは蝦夷に対する差別から小勝を使用していることが明らかである。そして最後の天平宝字七年（七六三）九月二一日の小勝は、河内国丹比《たじひ》郡の人、尋来津公関麻呂《ひろきつもきみせき》が、母を殺した罪で配流された先が出羽国の柵戸小勝である。このことを見ても雄勝を小勝と呼んだのは、律令政府と『続日本紀』編者の差別感に基づくものである。この記事以降に小勝が使用されず、雄勝が使用されたからといって、ヲガチに対する差別が無くならなかったことは言うまでもない。

▼霊験な文字

新野直吉《にいのなおよし》は『秋田地方の研究』に掲載した「雄勝城とその周辺」のなかで、奈良麻呂のクーデターに担ぎ上げられた黄文王が、つまり名を久奈多夫礼と改めさせられて秋田平鹿郡鍋倉の都という所に流されたという郷土史家の話を紹介している。

新野によると、歴史学者の中にも黄文王が奈良麻呂のクーデターに関係して出羽国の小勝村に流されたと書く者もいるという。しかし新野はその説を一蹴している。平鹿郡鍋倉は横手盆地のほぼ中央、平鹿郡朝舞から一キロ南に位置する周囲が限りなく田圃に囲まれた集落である。

そもそも天平勝宝九年八月一八日から天平宝字元年に改めたのは、いわゆる孝謙天皇が三月二〇日に天皇の寝殿の天井板に天平太平の四文字が自然に現れたことに端を発する。奈良麻呂のクーデターが終わった頃、駿河国益頭郡の人で金刺舎人麻呂が「五月八日開下帝釈標知天皇命百年息」という文字が浮かびあがった蚕の卵を献上した。群臣の一人によると五月八日というのは、太上天皇の一周忌のために設けた悔過法会《けかほうえ》が終わる日であった。

太上天皇とは聖武天皇のことである。聖武は前年の五月二日に亡くなり、五月八日はその初七日にあたるので、そのために行った法会から一年目になるという意味のことを群臣の一人は言ったわけである。つまり群臣の一人は帝釈天も地上界の階下の優れた仕事をよく見て、天皇の御代が百年も続くことを表したものですと、さらに天皇を持ち上げた。天皇が祥瑞と喜んだのはいうまでもない。天皇の言葉も実に絶妙きわまりないものであった。

「蚕というのは虎のような模様をもっているが、時に枝に皮を脱ぎ、馬のような口をもちながら相争うことなく、室内で成長して人々に衣服を与える。朝廷の祭礼の服も蚕から生まれる。だから神聖な虫に文字を造らせ、神の不思議さが象徴される。いま禍もおさまった時、霊験の文字を示して、戈《ほこ》も用いられることなくなった日に、霊字が現れた。これは天のお祐《たすけ》で吉兆である。しかも五月八日の五と八の数字を掛けると天子の聖寿の不惑の四〇歳に通じる」

天平勝宝から宝字にかわる理由は、この天皇の説明で十分であった。

4　雄勝城の所在地

▼払田柵

雄勝城はどこにあったのか。この執筆のためいろいろな史料を調べていく途中で、雄勝城の有力な所在地の一つであった仙北郡の払田柵はほぼその可能性はなくなった。いや可能性がなくなったというより、むしろ雄勝柵は雄勝郡足田の雄勝城、払田柵は仙北郡の払田柵という横手盆地内に所在するが、規模も時代も異なると考えたほうがわかりやすい。

東北史の研究で影響力をもつ学者のなかで払田説を述べている人もいるが、いずれも説得力に欠ける。高橋富雄は払田柵が発見されてからは、それを雄勝城址と推定するに十分であるという。しかし平戈《ひらほこ》からの距離五〇里がちょうど払田柵辺りになるというのは、高橋説は平戈が雄勝郡内にあったとしていることからも間違いである。

桑原滋郎《くわはらしげお》は一九九二年に角川書店から刊行された古代日本のシリーズ『東北・北海道』に執筆している論文「城柵を中心とする古代官衙《かんが》」のなかで、横手盆地内にこれに匹敵する城柵跡がみつからないことから、雄勝城にあてようとする考えが強いと、やんわりと指摘している。桑原はこの払田柵の位置が雄勝郡内に入らないこと、払田遺跡の遺構が雄勝城創建ほどさかのぼらないことからも検討課題だと言うが、払田柵説を強く否定する自信がない。

私が知りたいのは最近のホットな雄勝城所在説だが、一九九八年の六月に工藤雅樹が吉川弘文館から出版した『蝦夷と東北古代史』が参考になる。工藤の結論は、払田柵が置かれた地域が当初は雄勝といわれていたとみられるので、やはり「払田柵＝雄勝柵」とする説をとりたいという。桑原の雄勝城が雄勝郡内に入っていないという疑問について、工藤も答えているので、工藤の考察を次に紹介する。

天平宝字三年（七五九）九月、初めて雄勝・平鹿の二郡を置いた。しかし『続日本紀』の天平宝字三年の記事に「一二月二六日出羽の柵を秋田村の高清水の岡に移す。また雄勝村に郡を建てて人々を居住させた」とある。

工藤雅樹によれば天平五年（七三三）の記事は、蝦夷の郡を建てたという意味であり、天平宝字三年（七五九）は雄勝城を中心施設とする郡に編成替えして、あらたに北部の地域を平鹿郡に独立させた。さらに貞観二年（八六〇）以前には平鹿郡が分割されて山本郡ができた。このように当初の雄勝郡といわれた地域は三郡にまたがっていたというわけである。この工藤説もわかりにくい。

最近、払田柵遺跡の外郭の材木列の年代は、年輪年代の測定結果から平安時代の初期の八〇二年とみられている。しかし、これに対して工藤は遺跡の内郭南門東部から出土した須恵器の年代が奈良時代のものとみられるので、遺跡の開始年代が天平宝字年間であることは譲ることはできないと主張する。

しかし仮に雄勝城が仙北郡の払田柵とするならば、平鉾山から雄勝村まで五〇里だから、逆に払田柵から五〇里を戻ったところは、五〇里は現代の距離にして三二キロ強なので、平鉾山は増田・羽後町圏内ということになる。これは誰が考えてもおかしい。工藤説によれば大曲から増田・羽後町圏内に雄勝城があってもさしつかえないことになるし、実際、工藤は雄勝村はそのように広い地域だったと言っている。ほぼ横手盆地全域をカバーする範囲である。次に払田柵にかかわる従来の説を紹介する。

▼さまざまな説

秋田県生まれの小説家であり、郷里の払田柵の発掘調査にも多大な関心をもった後藤宙外（生没一八六七―一九三八）は、宝亀六年（七七五）に秋田城から遷された出羽国府、すなわち「河辺府」であると論じた。河辺府説に立つ論者には、新野直吉、船木義勝などがいた。船木義勝は八〇一年（延暦二〇）に坂上田村麻呂が造胆沢城使となり、出羽権守文室綿麻呂を遣わして、河辺府、すなわち払田柵の造営に着手し、桓武天皇延暦四年（八〇四）に完成したとする。

対して『続日本紀』に天平宝字四年（七六〇）の創建とされる雄勝城であると主張したのが高橋富雄

である。高橋富雄は「大野東人の出羽遠征記事や元慶の乱にかかわる記事から類推して、出羽における一府二城の一つ、雄勝城である」とした。しかし喜田貞吉は、当初、横手盆地南端部の雄勝郡内に設けられた雄勝城がのちに移転されたという見解を示した。筆者（林）は喜田貞吉の説がもっとも史実に近いとみている。

第7章　足田遺跡と雄勝柵

1　俘囚長清原武則と八幡営岡

▼ロマン

一九六〇年代の初め、私はまだ大学の三回生ぐらいであった。授業はほとんど出席しないで、早稲田大学図書館の片隅で小説を書いていた。それは故郷がテーマであったが、日記の延長のようなものでストーリーは特別なかった。ジェームズ・ジョイス（生没一八八二―一九四一）の『ダブリン市民』風の意識の流れの内的独白の手法を目指していた。決まった場所で決まった時間に書き始めるという私に残された切羽詰まった孤独な選択であった。

大学生活はいずれ破綻がくるだろうという予感だけは確かにあった。春休みだったと思う。確かなことは忘れた。はっきりしていることは、私の関心は安倍貞任《さだとう》の最後の戦場になった厨川柵と清原武則が源頼義と出会ったという八幡営岡《やはたたむろがおか》を見ることだった。

栗駒電鉄に乗って栗駒駅に降りた記憶がある。いやそれは違う。一関からバスに乗って栗駒町に入り、八幡営岡に登ってから石越に出て仙台に寄った。栗駒山から湧き立つ白い雲が千切れるようにバスが走る方向に流れているのを覚えている。高原の裾野を走るバスは快適だった。春休みの終わりだった。途中から吹雪になっていた。杉の巨木が両側にぎっしり立ち並ぶ石段を登り神社の境内に一人立った。

清原武則は七〇〇〇人の軍兵を引き連れて、どの峠を越えてきたのだろうか。一〇六二年八月九日この八幡営岡で出羽国の俘囚長清原武則は頼義・義家の三〇〇〇人の軍兵と合流したのだ。そして九月一六日から一七日にかけて最後の柵厨川柵を攻め落としたのだ。

その夜私は仙台で酒を飲んだ。仙台から上野行の夜行列車で前後不覚に陥っていた。空を舞う鳥が降り立つ場所もなく、空しく飛び続けるのに似ていた。東京に戻りたくもなく、郷里にも帰りたくない中途半端な心境であった。

八幡営岡に寄ったのが、雪が降った春休みだとすると、確かにその数日前母に付き添って平鹿病院に行った。胃のレントゲン検査の結果を聞きに行ったのだ。母は病院の玄関先でうずくまって泣いていた。死ぬのが嫌だったからだろう。

しかし母は一一人の子を生んだ。今はない横手・二井山間の横荘線に乗って電車から眺める白くキラキラ光る雪景色を想い出す。春先の雪景色はとても退屈で寂しい。電車の手摺につかまる母の細い手首が震えていたのが忘れられない。

厨川柵に寄ったのは横手から北上に出て、それから盛岡に寄ったのだろう。将軍はこの厨川柵で捕虜にした亘理権大夫経清《わたりだいぶつねきよ》を腐った刀で時間をかけてなぶり殺しにした。将軍とは源頼義であり、義家の父である。安倍貞任もこの戦場で敗死した。その死体は大楯で将軍の前に運ばれた。身の丈六尺、腰の周りは七尺四寸であった。経清の妻は敵方の将軍清原武則の長子武貞の妻とされた。経清の妻というのは奥六郡の俘囚長安倍頼義の娘で貞任の妹である。経清の妻には連れ子がいた。その子は後の奥州藤原三代の初代藤原清衡である。

私は盛岡の安倍館《あべだて》で見たものは、眼下に深く刻み込まれた数本の空壕が雪解けで水かさがました北上川に向かって滑り込んでいる様子であった。安倍館は厨川柵の北東の姥戸館《うばどだて》跡と呼ばれている。『陸奥話記』にはこの両柵があいさること七、八町ばかりとある。いまの距離にして一町は一一〇メートルだから七七〇メートルから八八〇メートルの距離である。西と北は大きな沢で、東と南は一〇メートルの絶壁が河岸に面している。

2　足田遺跡の発見

▼雄物川の上流

盛岡で厨川柵を見たその年の夏休みに雄物川の上流の探索を兼ねて、西馬音内《にしもない》方面に自転車に乗ってよく出かけていた。その何日目かのある日、偶然、新町・足田周辺が雄勝城柵跡であることに気が付いた。発見というより、強い思い込みであったのかもしれない。大沢から長谷《はせ》堂、そして鵜巣《うのす》を通り八反《はたん》田《だ》公園を左手に見て新町に入った。

八反田公園は小学校四年生か五年生の頃遠足で登った。父の弟子で住み込み修行をしていた佐藤という人がいた。上の兄弟たちは朝晩食事を一緒にしていたという。このかつての父の弟子だった人の家も鵜巣を過ぎた辺りにあった。

新町に入って途中の道を右折すると払体《ほったい》という名の五、六件の集落があり、父が山林の管理をまかせていた家があった。その家の主人は年に二回か三回、父を訪ねてくることがあった。冬の吹雪のことをよく覚えている。

その人は長居せず、お茶を飲む程度ですぐ帰った。よく咳払いをする人だったので、二階からも帰ったときはそれとなくわかった。山の管理費を受け取りに来たのだろう。父はその払体の奥山に杉の伐採に私を連れていった。私は父の周辺で一日遊んでいるだけだったが、父はよく私を連れ出した。

新町の町はずれから右手を見ると、丘陵の裾伝いに民家がぽつぽつ並んでいる。道は登りになって払体の奥に通じている。この道は上至米《かみとうまい》から日本海側の本荘に抜けることができると聞いて驚いた。昔の道はわからない。どこでどのようにつながっているのか想像に絶する。上至米から本荘街道に出るコースと南の笹子川上流から子吉川に沿って、矢島町、由利町を経て本荘に出るコースである。このように日本海側から出羽丘陵を横断して横手盆地に入ることができる。

▼発見

新町を出るとすぐ新町川があり、その橋の左前方に高尾田村の一部は道路に沿って進行方向右側にぽつぽつ並んでいるが、村の中心は道路の北側に八〇軒ほど長方形に集落を形成している。新町川は新町と高尾田村の間を北上して鵜巣で雄物川に入る。全国の地名の由来を明らかにするという巨大な仕事を遺した吉田東伍《とうご》は、『倭名抄』では、雄勝城は答合城《たかほ》とあるが、高尾田はその訛《なまり》だろうかと推測している。

『角川地名辞典』では答合城《たこう》となっているが大差はない。『倭名抄』は『倭名類聚抄』ともいう。九三一年（承平元年）頃源　順《みなもとのしたがう》が編纂した日本語読みによる百科辞典でもある。

当時、私はそのようなことを知る由もなかったし、高尾田村も知らなかった。吉田東吾は、高尾田村のわずか東南にある郡山のことを今は糠塚・足田・高尾田・島田を合わせて新成《あらなり》村と改め、雄物川の左岸の低地を占め、古《いにしえ》の雄勝の郡家之址であったと『大日本地名辞典』に書いている。郡家とは郡司が政務をとる役所のことである。

新町川の橋の袂を右折してから自転車を降りて、土手沿いに川を上った。川といっても五メートルほどの幅だ。ここからは払体の方の丘陵がよく見えるが、川は反対側の舌状帯の広がる雲雀野丘という丘陵の奥から流れてきている。

標高七五メートルから八〇メートルの台地はなだらかに東の雄物川の方に傾斜して、高尾田から福島にかけて道路を越えた辺りまで延びている。道路のすぐ東側は二メートルの段差になって、下は水田が雄物川の方に広がっている。水田地帯を丘陵台地の境界線となる土手をたどって行くと、何か城郭の周囲を歩いているような錯覚に陥る。このような地形ものちに何回が歩きまわったときに気がついたことである。

さて、私は新町川の左手に見える丘陵を見て驚いた。その山は二つ並んでいるが、台形と三角定規を並べたような形をしていた。その台形の西端は断崖になっていた。三角定規の山と台形の間は深い溝になって、私には自然にできたものではなく人工的な感じがした。私はすぐに盛岡の厨川柵を訪れた時の安倍館の空壕を思い出した。私はあの時、ちょうどいま見ている台形の上に立って北上川を眺めていたはずだ。

もし私が北上川の川岸から眺めたら、安倍館もきっとこのように見えるに違いない。雄勝城と安倍館は年代が二五〇年異なる。雄勝柵の方がはるかに古い。しかし私にとって、そのことは問題ではなかった。私はここが雄勝城の中心であると確信したのである。私は推定雄勝柵の足田遺跡を北の方から眺めていたわけである。

▼福地村深井

私は平鹿郡福地村深井で育った。生まれたのは東京の世田谷下馬一丁目である。父が大工であったので、長兄英一の仕事の手伝いのため下の子ども三人と母を連れて上京した。私が生まれる二年前の昭和一三年（一九三八）の春頃である。私だけが東京で生まれた。

長男を先頭に四人の兄が外地に出征した。昭和一九年の春、空襲を逃れて四歳のときふたたび深井に戻った。横荘線の沼館駅で降りたのだろう。町の薬局の大きな柳の木の下で兄嫁のお姉さんの下駄の緒が切れて立ち往生したことを覚えている。雪解けで道はグシャグシャであった。

田舎に帰ってから小学校に入学する頃まで私の記憶は途切れてしまっている。一歳のとき、母に抱かれて多摩川で水浴びしたことを記憶しているのに不思議だ。下馬の近くに練兵場の柵や夏の太陽の日差しでピカピカ光る、とても広いコンクリートの道路を三輪車で走り回ったことを覚えている。小学一年生の頃だろうか、父の自転車に乗って隣村の東里小学校の校庭前を通り過ぎた。夏だったように思う。横手まで軍刀を引き取りにいったのだという。ずいぶん長い道程だった。

昭和二二年雄物川の大洪水があった。その前年だったたか、二番目の兄がニューギニアから帰ってきて、間もなく結婚した。子どもが生まれたが、その子はすぐ亡くなった。そして兄もマラリアの後遺症で死んだ。母が二階の奥の兄の亡骸を抱いて激しく泣いていた。私も一緒に泣いた。私が七歳ぐらいの時であった。

深井は横手盆地のほぼ中央の西のはずれだ。雄物川が近くを流れる。本荘街道が深井集落の福岡利兵衛の屋敷を最後に土手に沿って左折して雄物川橋を渡る。福岡利兵衛は江戸時代の酒屋から明治期にかけて巨大地主になったが、いまは一つだけ残った白壁の倉が面影を残している。二代目の易之助は東京大学仏文科を卒業したのちフランスに渡り、帰国してから白水社を創立した。

かつて深井は秋田の土崎港と結ぶ雄物川の米の船着き場であった。昭和二二年と二三年の二回にわたる大洪水のあと堤防と橋が造られた。改修工事が始まる前の日のある夜中、パワーショベルが一台、戦車のようにゴロゴロと地響きを立てて家の前を通り過ぎるのを二階の窓から見ていたのを思い出す。しかし堤防工事で深井集落の川沿いの半分は河川敷となった。六三戸が移転した。八幡神社も利兵衛屋敷の裏に引っ越した。

新雄物川橋は昭和三二年（一九五七）に着工、五年におよぶ工事の末に延長三七八ｍの鉄筋コンクリート製の永久橋が完成した。横手から本荘まで二八キロ、横手まで一六キロだ。

橋を渡ると右手は三吉山、左手は松茸山だが、松茸山から松茸がとれたという話は聞いたことがない。子どもたちは誰もこの山に入らなかった。岩肌がむき出しになった三吉山は盆地内の遠いところからでもよくわかる。しかしいまはその岩肌にも樹木が生え目立たなくなった。

三吉山の頂上から撮った雄物川と上流

本荘街道は松茸山裏側を回り根羽子沢《ねばこさわ》から大沢村に至る。この陰気な松茸山の麓の堰は、雄物川を堰き止めて引いた水路に合流するのだが、雄物川から引いたその水路の勢いに押し返されていつも深く濁って澱んでいた。

頭上は杉や赤松やナラやトチの枝が覆いかぶさり、ササダケや柳の生い茂った藪をかき分けて釣り糸をたれると大きなナマズがよく釣れた。夏はとても涼しかった。しかしいまこの辺りは変わった。新雄物川橋が昭和六一年に完成して、バイパスが深井集落の南の田圃の真ん中を走り、一直線に大沢村に入る。

三吉山の麓の鳥居をくぐり、急な坂道を四、五回蛇行すると頂上に着く。そこからは雄物川の上流や横手盆地が一望できる。奥羽山脈の山々がはるか前方に連なっている。故郷に帰った者はこの山に登る。五〇メートルにも満たない手頃な山だが眺望が抜群だ。

役内川、皆瀬川、成瀬川、西馬音内川を集めて流れてくるその水量は豊富だ。雄物川橋を過ぎる辺りから流れは勢いを増し、水の色も変わる。三吉山から末館にかけて突き出た丘陵の山裾の岩は深く抉られ、一メートルから二メートルの幅で岩の棚が川面より四、五〇センチ顔を出している。その岩棚が下流の水門まで三〇〇メートルも続く。

かつては橋のわずか上流は杉の丸太で両岸いっぱい堰き止められていた。白い飛沫をあげて堰堤《えんてい》を流れ落ちる音は深井集落の隅々の家まで聞こえた。堰堤の下流は真っ白な河原を幾通りもの流れになって雄物川橋の下を流れた。

一方、堰堤の上流から引いた水路を流れる水の勢いは雄物川の流れよりも二倍も早く、末館山の袾にあるトンネルから隣村の郷村に流れた。その水路は雄物川の左岸の磐棚より二メートルも高いところを流れ、鱒がよく釣れたが、子どもはトンネルに吸いこまれそうで怖くて近づかなかった。

▼足田遺跡

推定の雄勝城址のある足田は雄物川橋の上流五キロほどの左岸にある。左岸とはいっても足田から雄物川まで一・五キロほどある。雄物川の手前を西馬音内川が平行に流れ、下流の鵜巣《うのす》で合流する。鵜巣で新町川が南西から合流する。

雄物川橋を渡り大沢村に入る急な坂道の手前の道を一二〇度ほど左折して、二〇軒ほど立ち並んだ民家を通り過ぎると広い田圃に出る。ここは舌状丘陵台地にはさまれた平野で西馬音内町に通じる道だ。

前方の台地の先端に長谷堂《はせどう》が見える。長谷堂から鵜巣までは崖下の狭い道になる。左手は三メートル下を雄物川が流れる。

かつて鵜巣も深井と同じように船着場であった。右手の山側は杉・松やトチやクルミの木が鬱蒼と茂っている。長谷堂から南の丘陵地は戦後開拓民が入り果樹園になった。開墾の際、縄文中期の石器や土器が発見されたという。

鵜巣の上流三キロ辺りで雄物川に皆瀬川が合流する。左岸は下開《しもびらき》で右岸は陸合の中島・荒処《あらどころ》・八幡前だ。左岸と右岸は今泉橋が結ぶ。下開から西馬音内の橋を渡ると郡山でその西が足田一帯だ。今泉橋から上流の雄物川と皆瀬川に挟まれたデルタ地帯は角間という。ここにも八幡という東西に長い一二〇戸ほどの集落がある。

その集落の東部の湯沢の方から流れてくる白子川が東南から横切って下開の南の大久保で雄物川に合流する。大久保の南は大物主《おおものぬし》を祭る三輪神社がある。奈良の大神《おおみわ》神社に由来する古い神社と言い伝えられている。左右に須佐之男命《すさのおのみこと》の須賀神社が立っている。鳥居という集落もあり、八幡神社がある。

昭和五六年（一九八一）、三輪神社の北東にある雄物川の左岸の河岸段丘の柏原という集落の近くで三七基の古墳群が見つかった。柏原の南は貝沢という。前九年の役で第七陣の大将であった清原武道は貝沢三郎ともいい、この貝沢の出身だという。貝沢の北にある雄物川にかかる柳田という集落がある。菅江真澄は天明三年（一七八四）の徳川家治の治世にこの柳田で年を越した。

三輪神社がある杉宮の西が西馬音内町で、その南東が床舞の集落で西馬音内町の西が元城《もとき》という。その元城から先の梺《ふもと》で道は左右に別れるが、右は本荘街道に、左は笹子《さじこ》川の上流、つまり国道一〇八号線に出る。

笹子川に沿って下ると由利町矢島だ。その逆方向に行くと雄勝町の横堀に出る。鬼首峠を越え、役内川に沿って走る一〇八号線は横手盆地に入ることなく、横堀で方向を西に変えて出羽丘陵を北西に横断して本荘に出る。

3　域神稲荷神社と城輪神

▼深沢多市の説

大正一二年（一九二三）秋田県史蹟調査委員の深沢多市は、『歴史地理』に「雄勝城考」を発表した。深沢の説は雄勝城址は雄勝郡新成村足田から高尾田台地の一帯で、中心は土館にあるというものであった()当時、深沢の説も含めて一〇説ほど推定地があったが、仙北郡の払田柵を除いて雄勝郡内であった。

その内の一つ湯沢城説は進藤重記の『出羽国風土略記』がベースになっていた。邨岡良弼《むらおかよしみ》、井上通康《みちやす》、門脇禎二は進藤説を踏襲した。井上通康の説は「三代実録」元慶二年七月の「十道の大衢」がポイントであった。

さらに地元大沢の郷土史家上房茂雄《じょうぼうしげお》の雄勝郡明治村大沢説、吉田東吾の新成村高尾田説、原秀四郎の元木・山田村小堂ヶ沢・高寺の三ヵ所移住説、そして吉田東伍・長井行説を加味した深沢多市の雄勝城本城と床舞別城説であった。

この深沢説に対して、羽後町在住の柿崎隆興は土館説には全面的に賛成であったが、床舞別城説には納得しなかった。柿崎の考えは床舞よりも大山順造や佐々木一郎の元木説の方に近かった。大山や佐々木が言うように天平五年（七三三）の開拓の経路は由利方面からであって、由利柵から子吉川からさかのぼり、出羽丘陵を横断して田代仙道方面から雄勝に入ったと考えるのが、柿崎にとってもっとも妥当で合理的であった。

最上川の河口にあった出羽の国府は天平五年には秋田に移されるほど出羽の開発がすすんでいたのだから、距離・地勢からいっても伏見から八塩山の南麓を通過して軽井沢・田代・大平山・元木コースがとくに険しいコースでもなく、一直線にあり、現実性があった。そのほか答合《たこう》の音訓からの雄勝郡東成瀬村田子内説、雄勝郡新成村郡山説、柴田熊蔵の院内東の小野盆地説、高橋章三の雄勝郡山田村説、それから仙北郡保田柵である。

▼歴史編纂の長井金風

深沢多市の「雄勝城考」によると大字足田字土館にある稲倉魂《いなくらたま》大神を祭る城神《じょうしん》稲荷神社は城《き》ノ輪《わ》ノ

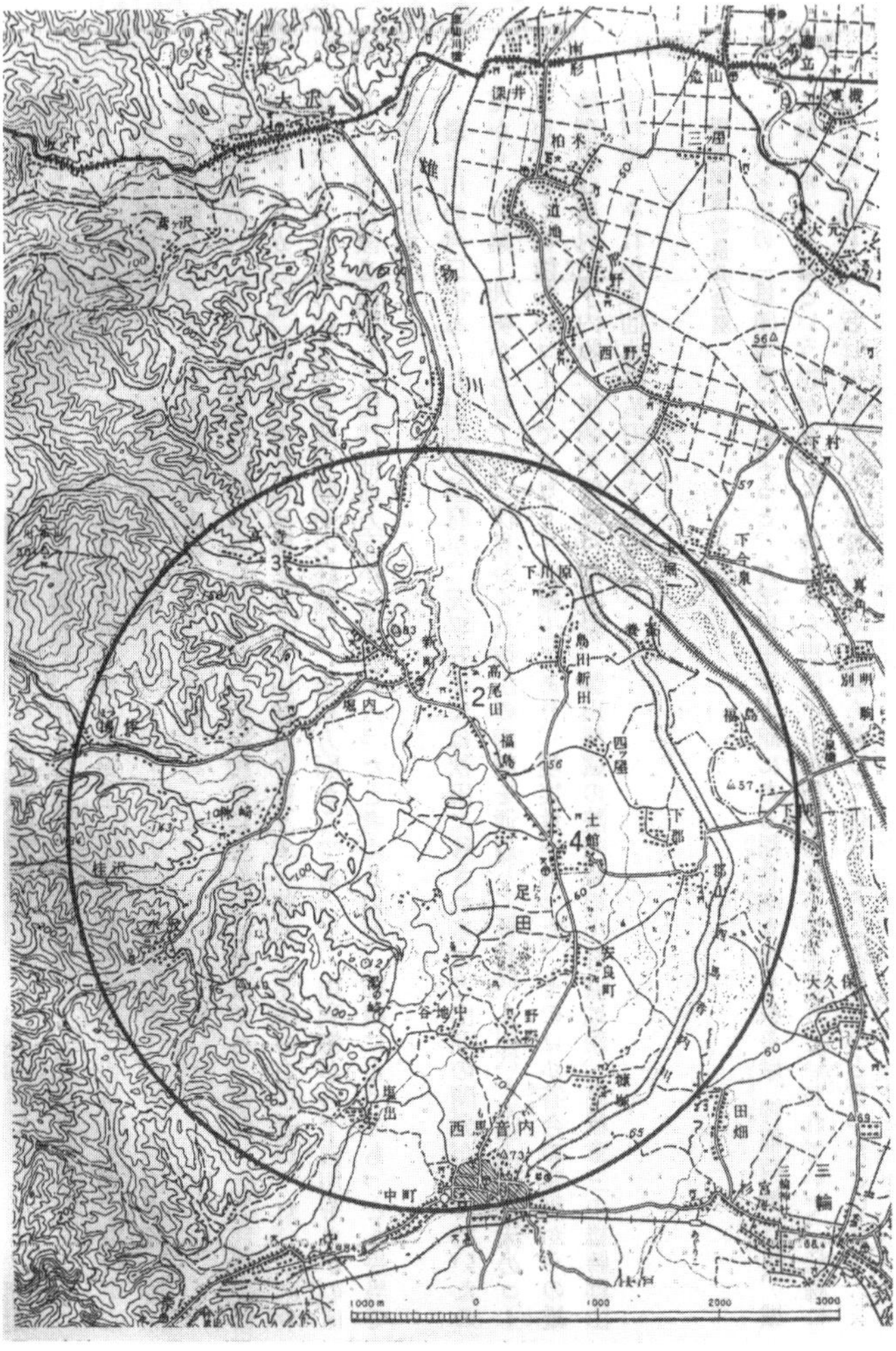

足田遺跡とその周辺〈図の×印が発掘場所。円は半径 3km を示す。地図の北に雄物川橋と深集落が見える〉（『足田遺跡発掘調査概報・昭和 24 年』より）

神であるという説があった。神社から東崖下の水田一帯は字城神廻りといわれ、その伝説は白狐が現れ、〝我は城神だがいまは城もなく社殿も滅びて住むところはない〟と言ったという。

ここを城輪神《きのわの》であるという考えをもっていたのは、長井金風（生没一八六八―一九二六。大舘出身、東洋史学者兼秋田魁新報主筆発行人）であった。彼はこの説を発表したわけではないが、深沢多市は先輩の長井金風と県史編纂で机を並べたことがあり、長井が県史編纂主任としてこの場所を発掘したことから、長井の考えを知っていた。深沢はのちに収入役の斎藤祐三と書記の佐藤常松から当時の話を聞いていた。

明治四五年（一九四五）六月秋田県史編纂主任の長井金風が突然役場にやってきた。金風とは本名長井行《あきら》のことだ。村長も助役もいなかったので、収入役の斎藤祐三が対応した。長井が足田部落にある城神廻りに高い関心を示していたので、直ちに稲荷神社に案内した。長井金風はその辺を回ったあと、何か土器や土器の破片が出たことがないかと尋ねた。

長井の話だと、この城神は地形上雄勝城に間違いないが、これを証明する材料がない。もし土器の破片の底部に指紋のようなものがあれば、神祭に用いたものだから城輪神を祭ったものに違いないが、底部の破片がないのが残念だということであった。

一行は発掘しようと思ったが、暗くなったので後日を期した。その年の九月一五日、長井行の指導で、斎藤祐三と土館有志が参加して池の発掘調査を始めた。池を五尺ほど掘ると、種々の素焼の土器が無数に出てきた。みんなで万歳して午前中に発掘調査を終了した。

ちなみに「三代実録」の貞観七年（八六五）の二月条によると出羽国高泉神に従五位下、城輪神に正六位上の位が授けられたが、元慶四年（八八〇）二月二七日には城輪神に従五位上が与えられたが、高泉神はなかった。高泉神は秋田村の高清水岡に祭られた神だが、城輪神は当時の状況から雄勝城の鎮守とみて間違いないと深沢多市は考えた。なぜなら元慶四年の城輪神の受位は、元慶二年の秋田城の反乱で果たした雄勝鎮守の功績の功績に対する論功行賞とみることができるからである。次章では秋田城の反乱がなぜ起き、どのように終息したのかについて述べることにする。

第8章　元慶の乱

1　秋田城の反乱

▼秋田城司良岑近《よしみねちか》の悪政

元慶二年（八七八）の天皇は陽成、摂政藤原基常の時の秋田城の反乱は、秋田城司良岑近の悪政で起こり、藤原保則の説得和合策で終結したと言われている。事件の経過は三善清行《みよしきよゆき》が保則の没後一二年の延喜七年（九〇七）天皇は醍醐、左大臣藤原時平の時に記した『藤原保則伝』によって知ることができる。

なぜなら『三代実録』は六年前の貞観一三年（八七一）四月八日出羽国鳥海山が噴火、その四年後には下総国で俘囚が反乱し、武蔵・上総・常陸・下野国の兵士を派遣したことを記録しているからである。

元慶二年（八七八）三月一五日夷俘が反乱を起こして、秋田城やその周辺の民家を焼いた。出羽守興《おき》世《よ》の急報があったので、政府は三月二九日陸奥国に出羽への援兵を命じ、出羽国の権掾《ごんのじょう》小野春泉・文屋有房らに騎兵を与えて救援させたが失敗した。また陸奥国には再三再四、二〇〇〇の兵を要請したが、援軍がなかなか来なかった。歴史家新野直吉による分析では、伝統的に北海道の延長上の出羽と東山道の陸奥との連携プレーがうまくいくはずはなかった。事実、救援軍は食糧物資を自分で持参しなければならなかった。

政府は指導部の強化をはかり、同年四月二三日に坂上好蔭《よしかげ》を陸奥権介に、五月四日には右中弁藤原保則を出羽権守、左衛門権清原令望《よしもち》を権掾、右近衛将曹茨田貞額《まんたのさだぬか》を権大目《だいさかん》にそれぞれ兼任させた。そして六月には散位小野春風を鎮守将軍に任命した。坂上好蔭は田村麻呂の祖孫で、小野春風は代々征夷にかかわった武門の一族であり、しかも春風は夷語にも通じていたという。

▼一二の蝦夷村

同元慶二年四月二八日、政府は上野・下野などの国に各々一〇〇〇の派兵を命じ、陸奥にはまた派兵を催促した。五月四日には保則任命の発表があった。そのため保則は東大寺別当職を辞任した。ちなみに保則は元慶の乱が収拾したのちは、伊予守から天皇宇多、左大臣源融の寛平四年（八九二）に伊予守から左大弁で参議、そして翌年には民部卿になる。

さて五月五日の陸奥守源恭《つつしむ》の報告では二〇〇の兵を送ったが、陸奥国内に二〇〇〇の兵を増強してほしいということであった。同年四月一九日には、最上郡擬大領伴貞道・俘魁《ふかい》玉作宇奈麻呂は官軍五六〇人を率いて反乱軍三〇〇人と交戦したが、貞道は戦死した。反乱軍はさらに増強して、同月二〇日には秋田営まで迫った。この秋田営は秋田城焼亡の仮屯営ではないだろうかと歴史家高橋富雄は推測する。

同年六月七日は宇奈麻呂も憤死した。その後、俘囚三人が来て、秋田河以北の一二村の蝦夷村の独立を要求してきた。一二の蝦夷村とは上津野・大内・椙淵《すぎぶち》・野代・河北・脇本・方口・大河・堤・姉刀《あねたち》・方上《かたがみ》・焼岡《たけおか》である。

和平交渉のさなか、政府側は俘囚三人の背後に伏兵を発見し、三人を殺し武器を取り上げた。したがって交渉は決裂し、旧秋田城に集結していた奥羽連合軍五〇〇〇人は蝦夷軍の攻撃で大敗退したばかりか、城中に会った甲冑三〇〇、米糒《び》七〇〇碩《せき》、衾《ふすま》一〇〇〇条、馬一五〇〇匹とその他の器材・什器などすべて略奪された。

俘囚三人が要求した一二村の現在地名を列挙すると、上津野は鹿角《かずの》、火内は大館・比内、椙淵は鷹巣・阿仁、野代は能代、河北は山本・琴丘、脇本は男鹿、方口は八竜・若美、大河は八郎潟・大川、堤は井川・飯田川、姉刀は五城目、方上は昭和・天王、焼岡は金足・新城である。秋田県のほぼ北半分である。雄物川と玉川の以北が律令政府にとっていわゆる蝦夷の地ということになる。もしこの反乱に津軽俘囚が参加していたならば、いったいどのような戦乱になったのか想像に絶する。

2　藤原保則の作戦

▼保則の休戦工作

元慶二年六月八日小野春風は坂上好蔭とともに騎兵をそれぞれ五〇〇人率いて出羽救援に出発した。その頃ようやく出羽に向かった押領使藤原梶長《かじなが》の陸奥国軍二〇〇〇人は、敵の勢いに恐れをなしてみな逃亡した。同年七月一〇日、藤原保則が任地に到着した。津軽地方の夷狄《いてき》が大同団結して南下する恐れがあった。その数は幾千人ともわからず、党種も多く、勇壮果敢であるという出羽国の報告もあった。事態は一刻の猶予もならなかった。有房・令望らに上野国兵六〇〇を与えて秋田城を守らせた。

藤原保則の作戦は秋田河を境界とする休戦を実現することであった。保則はさっそく、降下の俘囚、いわゆる帰属していた添河・覇別・助川の俘囚や良民三〇〇人を慰撫するため、藤原滋実・茨田貞額を遣わして、雄勝・平鹿・山本三郡の不動穀を与えた。この三村の俘囚は政府軍に忠誠を誓った。

不動穀とは非常事態に備えて蓄積した稲穀のことで和銅元年（七〇八）の天皇は元明、右大臣が藤原不比等のときに設置された。『続日本紀』によれば、元明天皇和銅元年九月二八日越後国に新たに出羽郡を建てるとあり、翌年の和銅二年七月には蝦夷征討のため諸国の兵器を出羽柵に運送とある。さらに和銅五年九月には越後国出羽郡を割き、出羽国をおくとある。

ところで政府に帰属した添河・覇別・助川の位置は太平山の南麓から流れ、雄物川下流に合流する旭川、大平川、石見川の流域にある。俘囚深江弥加止《みかど》・玉作《たまつくり》正月麻呂《むつきまろ》は、三村の俘囚二〇〇人を率いて夜襲を試みて八〇人を殺して成果を上げた。不動穀振給の効果抜群であった。

▼鳥海山大物忌の効力

大物忌《おおものいみ》・月山の諸神にも位階・封戸が加増された。大物忌神社は山形県飽海《あつみ》郡字吹浦にある。つまり鳥海山の頂上に本殿があるが、鳥海山の山麓に吹浦口乃宮と蕨《わらび》口乃宮がある。祭神は大物忌神だが、初期は倉稲魂命《うがのみたまのみこと》が祭られ、奈良・平安時代に蝦夷の反乱を予言して国の乱れを忌み嫌う物忌の神になったという。しかし誉田慶信はそのような単純なものではないと指摘している。

貞観三年（八六三）五月一六日の『日本三大実録』は四月八日に起こった鳥海山噴火について、草木枯れ果て死臭ただようまさにケガレの状況として描写している。大物忌は極端にケガレを嫌う神であった。この物忌、つまりケガレからキヨメという観念は、在地の人間が造り出したものでなく、極めて王朝貴族的観念の産物であったと誉田。私もそう思う。

この神社の神格は大変高い。貞観六年（八六四）まで月山神が位が高かったのが、この年は従三位となり、貞観一五年（八七三）には正三位、元慶四年の八八〇年には従二位、天慶二年の九三九年には正二位になっている。この神階は東北地方でも抜群であった。大物忌は北方の蝦夷に対する国家の守護神であったばかりでなく、国家の辺境を脅かす夷狄に対する調伏の神であった。

▼小野春風の案

さて元慶の乱だが、元慶二年八月二三日頃には大勢が決まりかけていた。小野春風と坂上好蔭らが陸奥から一二村の一つ上津野村に入った。挟撃作戦である。八月二九日には反徒の三〇〇〇人が秋田営に来て降伏を願った。有房・忠実はこれを許した。その日は坂上好蔭が降伏組や逃走者を引き連れて秋田営に入場した。九月二五日春風も四七〇人の兵士を率いて秋田営の北までたどり着いた。春風からの報告によると、上津野から出羽に入り、賊を教諭して降伏させてきた。

当時、上津野村は陸奥国に所属していた。春風は野心測りがたい場合は賊地に入り降心の誓約書までとった。しかしこのような方法だと、仲間から報復されるとためらっている者もいる。どうしたらよいかという質問であった。政府は過ちを悔いるものは許してもよい、しかし言うこととやる事が異なる場合は一挙に誅伐せよと指示した。

武力鎮圧の強行方針と和平工作の対立があったが、保則は令望・滋実・貞額の強硬派の意見よりも春風の案を採用した。渡嶋の夷首の一〇三人が種族三〇〇人を連れて、津軽の俘囚で反徒に加わらなかった者と一緒に秋田城に入った。

▼上津野村＝鹿角盆地

上津野村は今の鹿角盆地だが花輪盆地ともいう。南北一五キロ、東西一一キロから二キロの三角形の盆地だ。北に向かって流れる米代川が、花輪線の十和田南駅の辺りで真南から流れてくる小坂川を入れると、こんどは向きを変えて大館盆地の方に流れる。花輪線も大館まで同じコースだ。花輪線は盛岡・大館間一二八キロ、各駅停車で三時間の所要時間だ。好摩まで東北線で、好摩から花輪線になる。青森方向から南下した奥羽本線が大館に入る。ここで下比内川が北から米代川に合流する。

奥羽本線と米代川と羽州街道は田代町、鷹巣町、二ツ井町を経て能代まで一緒だ。二ツ井町で阿仁川が南から合流する。森吉山に源を発する打当川が阿仁町比立内川と合流して阿仁川になる。阿仁とはアイヌ語で原始林に覆われた人間の住む谷という意味だという。この川沿いに南北を横断する角館・鷹巣六〇キロの国道一〇五号線が走る。

嵯峨天皇弘仁二年（八一一）文室綿麻呂が爾薩体《にさたい》・幣伊《へい》の蝦夷を討つため出羽の俘軍を使った。上津野村と二戸郡田山を結ぶ流霞《りゅうか》道を通ったという。この道は標高一〇六〇メートルの七時雨《しぐれ》山麓の北側である。文室綿麻呂は北秋田側の吉弥侯部都留岐《きみこうべのつるぎ》と爾薩体の伊加古の抗争を利用して、夷を制したのである。

元慶三年正月一三日、出羽国俘囚外正六位下深江三門に外従五位下、外正八位下大辟法大・玉造正月丸にそれぞれ外従五位下が授けられた。深江と玉造の功績は理解できるが、大辟法大とは何者かわからない。名前からして神仏に関係する僧侶だろうか。

3　前九年の役

▼清原武則の系譜

この元慶の乱（秋田城の反乱）の際に中央から派遣された武人の左衛門権少尉清原令望《よしもち》は、天喜四年（一〇六二）の前九年の役で活躍した清原武則につながる系譜ではないかと言われている。安倍貞任との戦いで苦戦を強いられていた源頼義は、出羽山北の俘囚主清原真人光頼とその弟の武則に戦線協力を執拗に求めていた。

出羽山北は横手盆地の南部にあたる。山形と秋田の県境で、岩手県の胆沢・水沢地方にもつながる。武則の居城は現在の平鹿郡増田町から一五〇〇メートルほど東にある真人《まと》山ではないかと言われている。真人山の前を成瀬川が峡谷となって流れる。真人山は偉容をもって盛り上がり、深く暗い。成瀬川に沿って国道三四二号を上ると奥羽山脈を越え、胆沢・水沢に一直線にくだる。途中に角塚古墳がある。

清原真人光頼の「真人」は姓《かばね》の中で最高の位で、中央では清原真人氏は天武天皇の子舎人親王の子孫にあたる。舎人親王の母は天智の娘新田部皇女であったので草壁、大津につぐ三番目の皇位継承者であった。

▼出羽権少尉清真人令望

藤原仲麻呂に擁立された淳仁天皇すなわち大炊王は舎人親王の子である。「俘囚主」は、「俘囚長」と同じように俘囚のなかから選ばれ、また当時俘囚が中央政府から激しく差別されていたので、俘囚主と記された清原光頼が舎人親王の子孫である中央清原氏の一族とはとても考えられないと石渡先生は自著『古代蝦夷と天皇家』で指摘している。

石渡先生は中央清原氏と山北清原氏の接点は、元慶の乱のときに下向した出羽権少尉清真人令望にちがいないと見る。令望は乱が収拾したのち秋田城司になった。元慶の乱で山北三郡の雄勝・平鹿・山本の俘囚は、添河・覇別・助川三村とともに律令国家側についた。秋田城司になった清原真人令望は山北三郡の俘囚と統率する俘囚主である豪族と親密な関係を結ぶようになったと推測する。

おそらく山北清原氏は一族の女性を通じて、令望の清原真人を名乗るようになったにちがいない。新野直吉も山北清原氏の同族に吉彦秀武《きみこのひでたけ》、吉彦侯武忠《きみこのたけただ》などいるので、清原真人を称する前は山北清原氏は、吉弥侯《きみこべ》（部）を氏姓としていたと考えているが、石渡先生もこの説に同意する。

天喜四年（一〇六二）八月一六日、源頼義と清原武則が八幡営岡《やはたたむろがおか》で七陣の諸軍を組んだとき、吉彦は三陣、吉彦侯武忠は六陣の大将を任された。吉彦侯武忠の字《あざな》は班目《はんのめ》四郎といい横手周辺の人物といわれ、吉彦秀武は武則の母方の甥で仙北郡の荒川村、現在の金沢本町に居住していたと伝えられている。

この吉彦秀武は従五位下鎮守府将軍として奥六郡の支配者となった。奥六郡とは胆沢・江刺・和賀・稗貫・紫波・岩手の各郡である。

4　後三年の役

▼腹違いの三兄弟清衡・家衡・真衡

清原武則の子には武貞と武衡《たけひら》の二人の兄弟がいたが、武貞が武則の後を継いだ。武貞には清衡、家衡、真衡の三人の腹違いの子いた。武貞は亘理権大夫経清の妻を自分のものにしたが、経清の妻には連れ子がいた。清衡である。武貞と経清の妻との間に生まれた子が家衡である。真衡は武貞のもう一人の妻から生まれた本妻の子である。

真衡には子がなかったので成衡という者を養子にした。その成衡の祝宴の準備のとき、吉彦秀武は真衡に侮辱された。怒った吉彦秀武は清衡・家衡を巻き込んだ。清衡と家衡は兵を挙げて真衡の館周辺の胆沢郡白鳥村の在家四〇〇余を焼き払った。

天皇は白河、関白が藤原師実の承歴三年（一〇八三）の秋、源義家が陸奥守として下向してきた。真衡は義家をさんざんもてなして、義家を味方につけた。真衡は吉彦秀武を討つために出羽に出撃したが、その間隙をついて清衡と家衡軍が真衡の館を襲った。しかし義家が真衡の子成衡に味方したので清衡・家衡は義家にあえなく降伏した。

義家は奥六郡のうち、清衡には南三郡、家衡には北三郡を与えた。家衡はこの処置に不満を持ち、清衡の館を襲い、清衡の妻子同族を殺して出羽に逃げた。清衡の訴えを聞いた義家は数千の兵を引き連れて家衡の本拠地沼柵に向かった。沼柵は現在の平鹿郡雄物川町沼館である。沼館は私の郷里福地村深井に隣接する。

当時の沼柵は雄物川と皆瀬川の支流に挟まれた湿地帯であった。家衡の抵抗により数ヵ月も手をやいているうちに大雪になったので、義家はいったん軍を引き上げた。家衡の叔父の武衡が沼柵にやってきて家衡に味方した。二人は横手盆地の西から奥羽山脈を背にするより堅固な金沢柵に移った。

寛治元年（一〇八七）九月、源義家は数万の大軍もって金沢柵を攻め立てた。同年一一月四日、ついに兵糧詰で難攻不落と言われていた金沢柵が陥落した。義家は武衡の首を切って自分の面前に置き、先日、矢倉の上で悪態をついた千任丸を木の枝に吊り下げ、かなばしで千任丸のくいしばった歯をつきやぶり舌をぬいてしまった。千任丸は足をかがめて主人の首を踏みまいとしたが、ついに踏んでしまった。義家は二年の愁眉が開けたと感嘆したという。

千任丸がついた悪態とは、「将軍の父が安倍貞任・宗任を討ちあぐみ、三拝九拝の上、武則将軍の力を借りてようやく貞任を討つことができたのだ。その恩も忘れて仇と返すとは何事とか」と矢倉の上から将軍を罵ったことである。

痛いところをつかれた将軍義家は歯ぎしりして悔しがったのはいうまでもない。義家は戦いの後、中央政府に追討の官符（恩賞）を請求したが、朝廷は義家の私闘として無視した。そのことを知った義家は打ち取った首を路上に投げ捨て京に戻ったという。

前九年と後三年の役で陸奥の俘囚長安倍氏と出羽の俘囚長清原氏は滅んだ。生き残ったのは律令政府から派遣された安倍氏に寝返りした亘理権大夫経清と安倍貞任の妹の間にうまれた清衡だけであった。清衡は敵将の清原武貞の妻とされた経清の妻の子であり、いわば孤児であった。

雄勝城の所在地探求の話から横道にそれたが、元慶の乱に始まり前九年・後三年の役にかけて、横手盆地の城柵の中心が西の雄勝城から東の奥羽山脈を背後にする金沢の柵に移動したことを理解することができる。増田、横手、金沢は東側に位置する。ただ沼柵だけは西の出羽山地の裾を北流する雄物川のほとりに位置している。

5　羽後町足田遺跡の発掘

▼くの字形の柵列遺跡発掘

昭和四一年（一九六六）一〇月一〇日から、足田遺跡の発掘調査が始まった。調査の場所は羽後町足田雲雀野と足田字七窪の四〇〇〇メートルの範囲で、埋め戻しの作業を入れて二五日の作業期間である。調査員は岩手大学教授の板橋源、秋田文化財研究所の奈良修介、中央から文化財調査員会の坪井清足《つぼいきよたり》（生没一九二一―二〇一六。考古学者。元奈良国立文化財研究所所長）が参加した。

羽後町教育委員会からは柿崎隆興など三人、その他早稲田大学、岩手大学の学生、地元羽後高校、湯沢高校の教諭と生徒たちも参加した。この足田遺跡調査はすでに昭和三六年（一九六一）から三八年まで三回にわたって発掘調査が行われ、土師器、須恵器、木器などのほか柵列などの土壙が発見された。

今回は、前回までに雲雀野地区で発見された最南端の三一号の土壙を基点に南の方向に発掘して三七号から四七号まで一一の土坑を発見した。なぜ三一号から三七号土壙に飛ぶのか報告書ではわからない。さらに四七号から約九〇メートル南に離れた場所で南西方向にのびる柵列土壙を五ヵ所発見した。

この発掘調査対象になっている雲雀野地区はすぐ北がクラウンドで東が新成小学校の校舎がある。校舎の前の道を東南に下ると大沢と西馬音内を結ぶ道路に出る。その辺り一帯の集落が土館だ。村は道路に沿って南北に連なっている。

道路西側の丘陵地帯は、高いところでは標高八七メートルぐらいだが、北部が元も高くその西側は岸壁になっていて、北から南になだらかに傾斜していて南の新成小学校との標高差は一五メートルもない。つまり丘陵台地の北から南に向かって起伏をもった尾根をなしているが、その尾根伝いに作列土壙が発見されたわけである。東方の斜面はいったん急なV字のような沢になり、かつて新町川の土手から眺めたときにはあたかも空壕のように思えたが、またゆるやかに傾斜して福島の集落の背後に続いている。

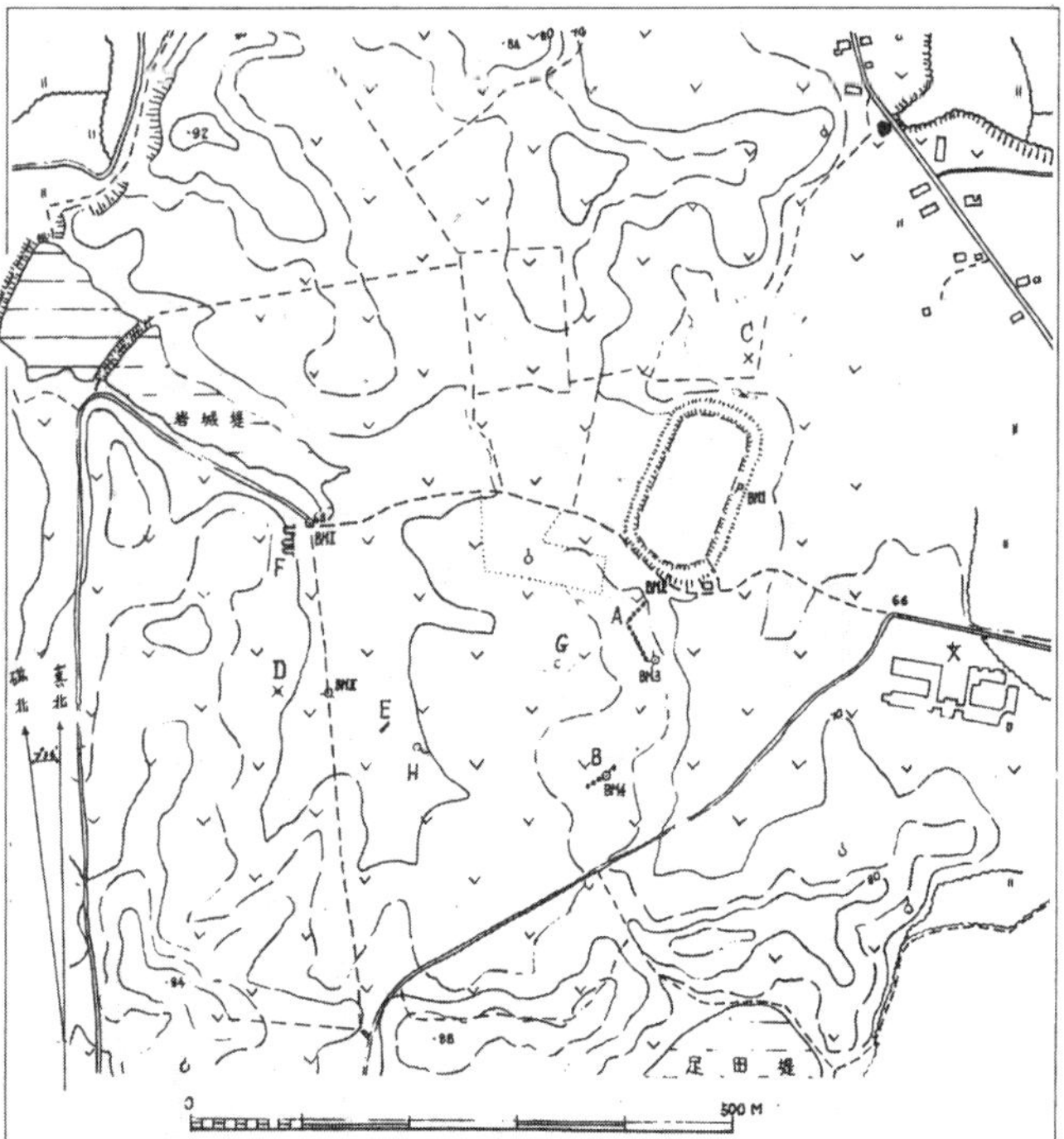

足田遺跡発掘場所
グランドが見える。その下の「くの字」の点線が土壙。昭和36年の最初の調査でグランド内とグランド外の南北に土壙が発見された。Fはロケット型の窯跡、黒丸は新城川が水田地帯に流れ出る地点。岩城堤の北がこの丘陵地帯で標高74メートル。新野直吉が昭和51年に調査した岩城。『足田遺跡発掘調査概報・昭和42年』より。一部改変。

羽後高校実習農場（地区柱穴写真）

推定雄勝城の一角にある足田グランド
（このグランドの下に南北に並んだ５個の土壙が見つかった。白い小さな建物が北になる）

福島から土館まで五〇〇メートルもないが、西馬音内町方面への道は、新町・高尾田から問題の丘陵地帯の東端を北西に通過している。道路東側の水田は福島を過ぎた辺りから大きく東にカーブして道路から遠ざかり、土館村の南端を取り囲むように広がっている。

この丘陵は横手盆地の西南にあたって出羽丘陵の一角を占めているが、南北三キロ、東西四キロの舌状帯の丘陵が北東にのびたものである。南は西馬音内川から流れ出る麓《ふもと》・郷の目を扇頂部は高尾田、土館になるが、土館から東は四ッ谷、下開《しもびらき》、大久保と雄物川左岸まで水田地帯となっている。雲雀野はこの舌状丘陵の先端に位置している。

雲雀野の尾根伝いに南北に並んだ土壙は一一ヵ所あった。南北といっても三一号土壙から四〇号土壙まで西南に南南東につらなっていた。くの字のような感じだ。土壙とは丸太を立てる穴のことだ。さらに南の四八号から西南にのびた穴は五ヵ所あった。全部で一六の穴が見つかった。その穴は南北のもので平均の直径が八八センチあった。穴の深いものは一・五メートルもあった。また西南に並んだ穴も同様だった。南北柵列の穴と穴との間隔は六・五メートルあった。北の三七号の穴から南の四七号の穴まで距離にして六〇メートル、西南の四八号穴から五二号穴までは距離にして二六メートルある。四七号穴から四八号穴までの南北の空間距離が九〇メートルあるので、三一号穴から五二号穴まで七六メートルあることになる。

四七号の穴から九〇メートルの間隔をあけて南の四八号の穴を発掘したのは、調査報告書によると、次のような理由があった。四七号の穴から南になるにしたがって、尾根は緩やかに傾斜しながら低くなっている。四七号の穴辺りは尾根の鞍部をなしているのでさらに低くなっている。開墾上、原地形がもっとも削りとられやすい場所であると考えたからであった。

また実際試掘してみたが、やはり土壙を発見することができなかった。現地の地形から判断しても、柵列が四七号の穴で終わっているとはどうしても考えられなかったので、九〇メートル南の辺りを発掘したのであった。

▼ロケットが並んだ窯跡

昭和四三年（一九八六）の調査ではグラウンド北方の狭い水田地帯から三個分の土器が見つかった。土師器一つと須恵器二つであった。須恵器の一つは底部に籾《もみ》の痕跡が残る大型の容器であった。この辺りは牧草と畑と針葉樹が混在しているが、西側の岩城《いわき》堤《つつみ》はちょうど女性の履くハイブーツのような形をして、東南にむけて横たわっている。

全長五〇〇メートル弱で、堤の幅は広いところでは北西端の土手の辺りで一〇〇メートルはある。その土手の道に沿って北東に歩くとすぐ丘陵北部で最も高い岩城の断崖下の道につながっている。その山裾に沿って迂回すると福島の集落に至るが道らしい道がないので、断崖が終わったところを真っ直ぐに農道を進むと新町川の土手に着く。ここから振り返ると白褐色の肌を露出した崖がよく見える。

この岩城堤の北東部がかなりきつい傾斜で栗やリンゴの果樹園が岩城頂上の狭いテラスまで続いてい

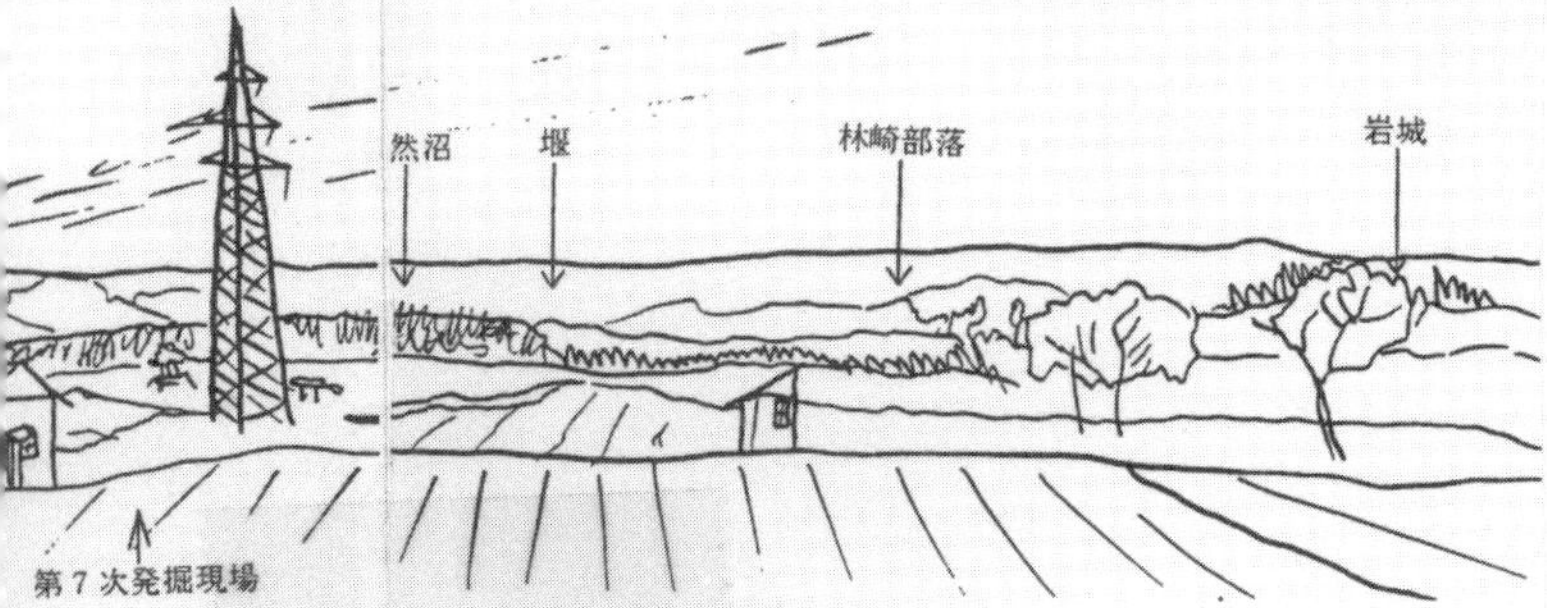
然沼
堰
林崎部落
岩城
第７次発掘現場

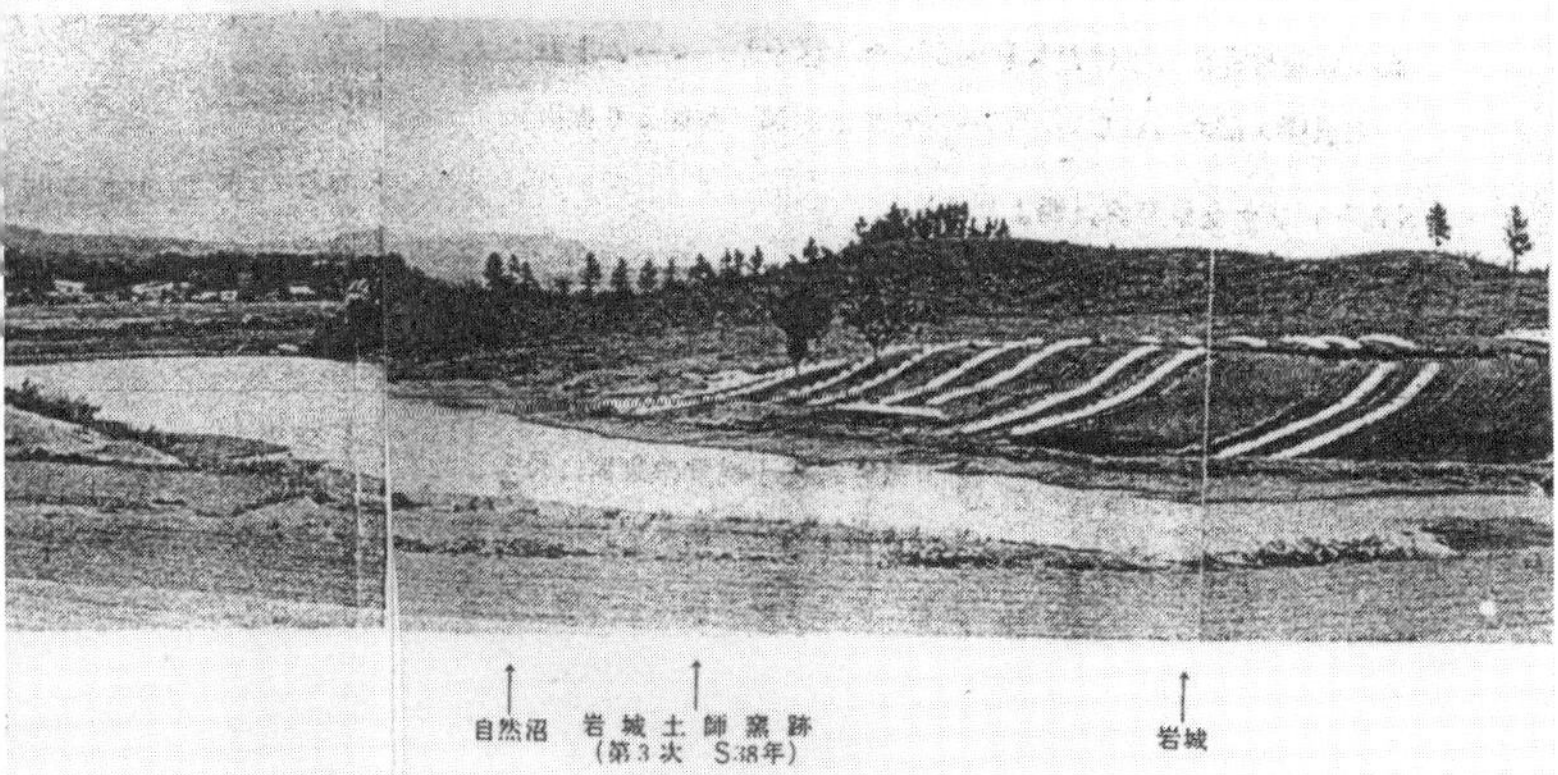
自然沼
岩城土師窯跡
(第３次 S.38年)
岩城

写真1　遺跡遠景

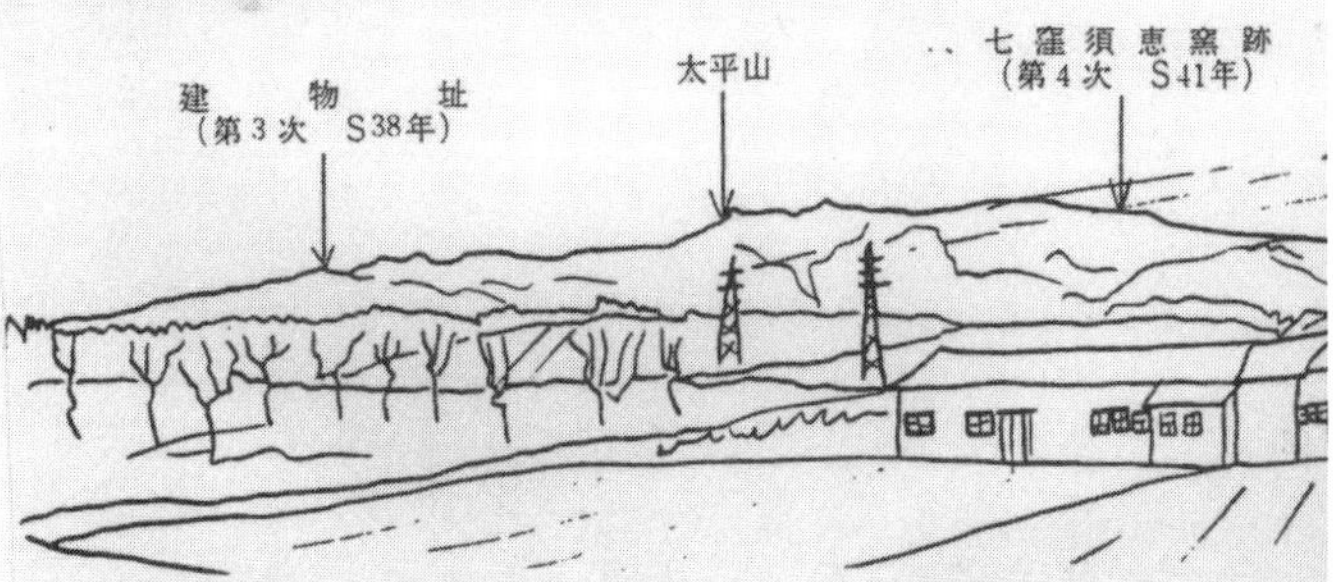

写真2　遺跡近景

るが、今から五、六年前この傾斜地に入ったときは、リンゴの木にブッシュと針葉樹が入り混じって暗く湿っていた。ちょうど草刈り機の音が遠くから聞こえてきたが、妙に方向が分からず、辺りも暗くなってきたので、急いで藪をかき別けて岩城堤の土手のところに出た。その時、野生の狐が北のテラスへ走り去るのを見た。

ハイブーツのよう形をした岩城堤の先端部分、つまり靴先辺りから南へ一五〇メートルの陸田に土壙が一つあった。これは以前の調査で確認済みであったが、今回、再発掘した。東一・二三メートル、南北一・五三メートルの不整円形であった。削り取られて深さは一〇センチ程度しかなかった。堀立式の柱脚と見られたが、他に関連する遺物は見つからなかった。先の土壙から一五〇メートル東南の雲雀野台地との間に湧水があるが、その湧水は西北に流れ岩城堤に達する。その途中低湿地帯から長さ八メートル五〇センチ、太さが根部で三五センチ、末部が人工的に削られた半円形をなして、幅七センチ、厚さ四・五センチの材木が見つかった。根部は西南方向を示していた。

そして岩城堤の先端部分、ハイブーツの爪先辺りの一〇メートルの高さの丘陵東斜面から四基の窯跡が発見された。この辺りは七窪台地の東斜面で雲雀野台地との境界をなしている。小さな沼が四つか五つほど点在している湿地帯である。南北二五メートルの幅で北から一号窯、二号窯、四号窯がならんで、小さな三号窯は二号窯の下に位置している。作成図をみるとロケットが並んでいるように見える。たしかに燃焼部を斜面の下に向けているので表現としては間違いでない。

いま私の手許には昭和四四年、四九年、五二年の足田遺跡の発掘調査書がある。二〇日前に羽後町教育委員会に電話をして今野という人に送ってもらった資料だ。私は羽後町の隣の雄物川町深井の出身という挨拶で気軽に頼むことができた。

昭和三六年一一月から始まった第一次から三八次までの報告書、「秋田県文化財報告書第三集、羽後町足田遺跡発掘調査書」は、国立国会図書館にも国立博物館にもなかった。羽後町教育委員会の今野さんという人に電話で伝えたつもりだが、あるのかないのか確認はしていない。いずれ近いうちに手に入れようと思う。

一九六一年から六三年の三回にわたる調査で三八個の土壙が見つかっているので、その土壙が六六年のくの字型の土壙とどの方向でつながっているのか関心がある。もし連続している土壙であれば、穴と穴との平均距離は八メートルほどだから約二二〇メートルの距離になる。桃生城の遺跡は長方形で三二〇メートルと二五〇メートルだ。周囲が築地法かどうかはっきりしない。仙北の払田柵は角材列で、山形の城輪柵跡も角材列と言われている。宮城県伊治城は空壕、秋田城は築地土塁と言われている。雄勝城は掘立柱列だろうか。調査の結論は出ていない。

▼烽《のろし》遺跡

昭和五二年（一九七七）の第八次の調査は、秋田大学教授新野直吉教授が参加した。主要な調査対象地は例の岩城の一番高いテラスの周辺であった。新野によれば北方の崖が防塁・防壁として当時意識されていたかどうかであった。六〇メートルを超える凝灰質泥岩の崖は崩壊しやすくすべりやすい。
身軽な蝦夷といえども、警戒している兵士の前で登ることはできないと、新野は大変真剣であった。

調査は八月四日から一〇日までの短い期間であった。秋田考古学協会の鍋倉勝夫、羽後町役場の鈴木俊男が調査員となり、ほかに地元関係者が二四人も参加した。柿崎隆興もいる。

同年八月八日、土曜日。天気快晴。調査から五日目であった。七窪から岩城に移動した。北方崖部の最北端のテラス部に調査区域を設定した。垂直に落ちる崖部との関連を調査するため南北六メートル、東西八メートル四方の試掘を始めた。

藪がひどく作業が進行しなかった。夕方五時にいったん作業を中止した。翌日一〇時頃まで全力で遺構検出に全力を尽くした。北西向きに直径一五センチの正方形プラント（建築物）のピット（穴、窪み）を発見した。深さ一〇センチから一五センチのピットが三個見つかったが、北西隅のピットは見つからなかった。

東西五・三〇メートル、南北二メートルの簡単な建物と考えられるが確かではなかった。新野直吉は天平宝字四年（七六〇）正月四日の『続日本紀』の記事から、この調査地が桃生城の峻嶺を凌《しの》ぐといわれた立地条件と共通すると言う。新野がいう廃帝天皇淳仁の発表は次の通りである。

昔、先帝はたびたび詔を下して雄勝城を造らせた。その仕事はなかなか難しくて、前任の将軍は困らされた。しかしながら今の陸奥国の按察使兼鎮守将軍の藤原恵美朝猟《あさかり》は、荒夷《あらえみし》を教え導いて皇化に馴れ従わせ、一戦も交えることもなく雄勝城を完成させた。また牡鹿郡では大河をまたぎ、高く険しい峯を越えて桃生柵を造り、賊の急所である地点を奪った。

この岩城の断崖は高峻にして河川に面しているという点で、この記事は条件を満たしているという。確かに雄勝城が大河をまたぎ、高峻とは書いていないが、新町川は本来この岩城の断崖の下を東流していたとみることができる。また、いま北東を流れている雄物川も当時は岸壁の北東隅をかすめるように流れていたとみることができると新野はいう。

この断崖それ自体が城壁であるから、土塁も石垣も木柵も必要としない。高所から前面と側方を警戒するための望楼のようなものを想定していたが、今回のそれが確認されたと新野は言う。三ヵ所のピットのことを指している。

多分、新野は烽火《のろし》施設と関連を考えていたのかもしれない。昭和四四年（一九六九）発行の『北奥古代文化』に掲載した「秋田城・雄勝城関係烽遺跡について」で指摘しているように推定雄勝城ではまだ烽遺跡は発掘されていないが、煙丘という峰は羽後町足田から西にあたる四七四メートルの太平山を指すという。

かつて太平山の地名は太平山三吉神社を分祠した山名であって、もともと煙岡と呼ばれていた。太平山煙岡神社という社名も残っている。この名は新野の推測では分離雄勝と外部との連絡のための烽煙も違いないとみる。天平宝字五年（七六一）に最初の雄勝郡衙が置かれたが、その場所が元木と考えられている。その元木から登山口にあたるところに、煙岡という村がある。新野の考えでは天平宝字に雄勝城が営まれる以前から、雄勝郡衙と由利方面との交信に、烽遺跡が使われていた。当然、雄勝城にも対応する烽遺跡があると予想しているわけである。

終　章　母と姉と鹿嶋祭りと雄勝城

今年（二〇〇〇年、平成一二年）になってようやく、私は昭和三六年（一九六一）から三八年にかけて行われた足田遺跡発掘の報告書を手に入れることができた。この調査の対象地域は羽後町・南田・足田・城神廻り遺跡であった。秋田県史編纂室の長井金風は雄勝城に関する口碑を研究して、新成村土館地区を雄勝城とした。金風は明治四五年六月に突然役場を訪れ、その年の九月に城輪神神社やの裏手の湿地帯を発掘した。ここで多数の土器が見つかった。

長井の後輩で同じ秋田県史編纂室の深沢多市も長井の説に賛同していた。大山順造も二人の土館地区に異論がなかった。金風は発掘当時の記録をまったく残さなかったし、土器は長い間所在不明であったが、郷土史家の柿崎隆興によって一部が新成小学校に保存されていることがわかった。

それらの土器のなかに墨書銘の土器が見つかった。「鎮」という文字や「答」「是木」「赤麻呂」などであった。さらに昭和四九年の拓本を使った調査で「供」「口行」「今」「連」などの墨書土器があらたに見つかった。

この一回から三回までの一冊の発掘報告書は三四頁程度の薄い冊子だが、昭和四一年の四回目の調査でわかった柵列土抗とのつながりを知ることができた。私の関心は三一号から四七号までの南北にくの字形になった一一個の土坑と、さらに南の九〇メートル離れたところに四八号から五二号までの五個の土坑が見つかった。合わせて一六個の土坑がみつかったのである。その距離はおおよそ一七六メートルであったことである。しかし四回目の調査は三七号から土壙番号が開始しているので、なぜ番号が三一号から三七号に飛んでいるのか不可解であった。

※

三月一四日火曜日、私は東京午後二時五八分発の東北新幹線の「こまち」に乗った。横手駅に着いたころには七時を過ぎていた。その足で姉が入院している平鹿病院に直行した。病院は駅から五、六分で着く距離だ。あたりはすっかり暗くなっていた。ただ駅前周辺の街灯が、堆《うずたか》く積もった残雪を白く寂しくキラキラと照らしていた。母が亡くなったのは一九六五年、昭和四〇年だからもう三五年になる。あの時も母を病院につれて行ったのは三月ごろだった。母はその年の一一月一四日に胃ガンで死んだ。

私の母サタは明治二七年（一八二七）に生まれた。八歳の時、近くの地主福岡利兵衛の家に女中奉公に出された。利兵衛の娘珠子は盛岡出身の東大法学部生であった田子一民と学生結婚をした。田子は金

田子一民夫婦が福岡利兵衛の家を訪れた時の写真
(昭和 29 年頃の写真。左から 2 番目が著者の父)

田一京助と同郷で同級生であった。サタは珠子の付人として田子の最初の勤務地であった山口県警の官舎で過ごした。大友幸男の「金田一京助年表」によると、田子と交際のあった金田一京助が東大に入学したのは明治二七年だから、サタが田子の女中になった時の年齢は、田子の学生結婚の時だと一二、三歳、田子の卒業時点だとすると一四、五歳になる。田子はその後三重県知事から衆議院に立候補して政友会総裁の高橋是清と選挙を争った。

田子は最初の選挙で是清に敗れたが、その後九回連続当選を果たし、衆議院議長・農相を務めた。サタの長男英一は父が二四歳、サタが二二歳の時に生まれているから父千代吉と結婚したのは二〇歳か二一歳の頃だろう。

私が学生の頃、年に一回程度もらう手紙が小学六年生の菓子屋の貞介君の代筆だったところをみると、母は書き文字を習得せず生涯を終えたことになる。尋常小学校四年からの義務教育が制定されたのが明治三三年（一九〇〇）だから、サタは小学校に行くチャンスを失ったのだろう。それにしても八歳前後のあどけない女の子が両親のもとを離れて女中奉公する様を想像しただけでも感嘆せざるを得ない。

※

姉八重子の入院はこれで三度目である。一回目は肺ガンの手術で、二回目は脳への転移による放射線治療のためであった。その時すでに良くとも六ヵ月の命だろうと医者の診断であった。昨年の一一月ぐらいまでである。姉は昭和八年生まれだから私より七歳上だ。八番目に生まれたから八重子だと母は言っていた。八重子には姉が一人、男兄弟が九人もいながら、隣村の東里から婿を迎え、深井の福岡の後を継ぎ、父と母の死を看取った。八重子と親しい姉が埼玉県入間郡毛呂山町で製材業を営んでいたが、昨年亡くなった。

私が訪れた時には、ちょうど夫の俊二がつきっきりの看病をしていた。姉の顔は見事に膨らんで頭髪はすっかり抜け落ちていた。帽子をかぶるのも面倒だと言った。意識は思いのほかしっかりしていたが、昨晩かその前の晩に深井の八幡神社の境内で息子の岳美と会った夢を見たと言っていたが、その話し方は夢と現実が交差しているようであった。「生きることは難しい」と姉は言う。私は「死ぬことも難しい」と言って二人で笑った。

翌朝、もう一度病院に寄った後、横手駅から電車に乗って秋田市の県立図書館に向かった。そこで昭和三九年三月発行の秋田県文化財調査報告第三集の「羽後町足田遺跡発掘調査概報」と、ついでに秋田県立博物館研究報告の第八号『秋田県の鹿嶋行事』のコピーをとった。鹿嶋の研究報告は雄物川深井の実例を中心にしたものだった。秋田駅に戻った頃には、粉雪が横なぐりに降っていた。

益子清孝と伊藤正祥の鹿嶋の研究報告によると、秋田県に四四の実例があった。そのうち秋田市周辺が二件、能代市が二件、大館が一件で、やはり残り四〇件は横手盆地内であった。事例の九一％が雄物川流域とその支流であることがわかった。ただ米代川の北側支流にまだ一〇件ほど鹿嶋送りを行うところがあるらしいが、この四四件の中には入れていない。

一度青森市内の民俗博物館で鹿嶋大明神の旗を立てた船に鹿嶋人形が乗っているのを見て驚いたことがある。たしか柳田国男は大正三年から四年にかけて『郷土研究』に発表したなかに西津軽郡の深浦で鹿嶋人形をつくり小船に乗せて笛や太鼓の囃子《はやし》で海に流す行事が書かれていることを紹介している。

秋田県内の鹿嶋行事の特色は、人形道祖神をたてる地域と鹿嶋送りと称する人形祭理を行う地域が重なっているということである。いずれか一方だけを行う所もあるが、深井の場合は混交しているケースであった。二人は柳田国男と堀口信夫の研究を紹介しているが、特別目新しいものではなかった。ただ、秋田市内新屋の鹿嶋祭りの「囃子」には、思わず笑った。鹿嶋船を乗せた馬車を馬に引かせ、鹿嶋大明神のぼりをもった氏子一同と鉢巻姿の子どもたちが、日吉神社に参拝してから町内を一巡して鹿嶋を川に流すと言う。この時、太鼓と次のようなハヤシで町を回る。寺の裏はかつて川だったという。

ショッショッショッ　鹿嶋の送りましょ　ショッショッショッ　寺のかげまでおくりましょ

※

平成一二年（二〇〇〇）九月一四日、金曜日の夜に姉は亡くなった。私は栗駒町にある八幡宮岡の写真撮影を兼ねて、姉を見舞う予定でいた。その日の午後、長い間借りていた『雄物川町史』と隣近所に配ろお菓子を段ボール箱に入れて宅急便で送ったばかりであった。夜七時頃姉の長男俊幸から危篤の電話があり、その二時間後に亡くなったという知らせがあった。

翌日早朝、予定を切り替え雄物川町深井に直行した。葬式は二日おいて日曜日だったので、土曜日の朝五時頃起きて甥の秀志が運転するカーナビ付きの車に乗って推定雄勝柵に向かった。新町川にかかっている橋の袂《たもと》の空き地に車を止めて、歩いて川沿いの土手道を遡っていった。足下は朝露でずぶ濡れになっていた。

何回も見慣れた岩城の丘陵を眺めたが、かつて思ったほどには断崖が高くは見えなかった。足田のグラウンドを写真に撮り、車に乗ってからも西の太平山の写真を一枚撮った。今いる位置は新町川橋の反対方向の南にいることがカーナビではっきりわかった。それから城神稲荷神社に行った。神社境内の東側一帯と裏側の稲穂が黄色の絨毯を敷いたように雄物川の下流の方にどこまでも広がっている光景が朝日に照らし出されていた。

こんどは新城川を探しに先に通った道路を新町の方に向かって車をゆっくり走らせた。地図は持ってこなかったが、新城川は早く簡単に見つけることができた。新町川橋の少し手前で水のよく透き通った小川が左手の低い丘陵から流れ出てくるのがわかった。道路わきに大小の樹木に囲まれた小さな神社が小川の方に向かって少し傾いていた。車から降りてから民家の畑と神社の前に立っている大きな木の根元の間を流れる川に沿って道を遡った。思いのほか小川の水の勢いよく早かった。クリ、ブナ、ナラの木が頭上に生い茂り、野道に栗の毬《いが》が無数に散らばっていた。道はかなり蛇行して岩城の方に続いているように思えたが、確かなことは分からず、車を駐車しているところまで戻った。新城川は道路の下から放射するように水田に広がっているように見えた。それは確かにこの辺りの水田地帯はかつて雄物川が流れていたと思わせるのに十分な光景だった。甥と私は満足して車に乗った。リンゴ畑から出たという二つの土坑の場所を見当つけるのが旅行の目的の一つだったが、今回は姉の葬式の事もあり、ここら辺で引き上げることにした。

おわりに

二〇二三年三月三日は奈良県橿原市の橿原考古学研究所の元企画学芸部長の坂靖氏と古墳の写真家梅原章一さんと私の三人で『隠された日本古代史（Ⅱ）――存在の故郷を求めて』の件も含めて和気藹々とした雑談風の記念すべき約束の日になるはずでした。この三月三日の日程は坂さんと知り合いの梅原さんに依頼して決めてもらいました。

私はこの会合を機会に日本古代史研究がかかえている考古学と文献史学の齟齬と矛盾について坂靖さん（『ヤマト王権の古代学』の著者）に質問し、できればごく簡単な問答集を『隠された日本古代史（Ⅱ）』の「おわりに」に掲載しようと考えていました。

問答集といっても、ごく簡単なもので例えば稲荷山鉄剣銘文の辛亥年は五三一年か四七一年か、ワカタケル大王は雄略天皇か欽明天皇か、大山古墳（伝仁徳陵）の被葬者だれか、倭の五王はだれか等々、坂さんが『ヤマト王権の古代学』の「結章」で取り上げたテーマです。

三月三日、私は東京駅発一二時三〇分発の「のぞみ」に乗り、天王寺駅に近いホテルにチェックインしたのが三時過ぎでした。ところが考えられないような予測不可能な事が起こるものです。途中、梅原さんから連絡が入り、坂さんが急性虚血性心官症心疾患で倒れ、今日五時の橿原考古博物館の待ち合わせが中止になったという連絡が入ったのです。

なにはともあれ私は阿倍野駅発近鉄南大阪・吉野線の特急に乗り、橿原神宮前駅に到着したのがちょうど夕刻の五時ごろでした。あたりはすでに薄暗くなっていましたが、梅原さんは橿原神宮前のベンチに一人座って私を待っていました。

坂さんとの面談中止の件は病死にかかわる事なのでいかんともしがたく、坂さんは人柄がよく話しやすい人であるとか、こんどの本の装丁に使う梅原さんが撮影した法隆寺若草伽藍の航空写真のことなど話しながら、阿倍野駅に着いたのが午後七時を過ぎていました。二人は天王寺ミオ店で食事をして、午後九時ごろ梅原さんは自宅のある枚方市に帰り、私は近くのホテルにチェックインしました。

※

四日早朝、天王寺駅前の阪堺電車（阪堺電機軌道）に乗りました。この電車は始発駅から浜寺駅前までの一四キロ間を約四〇分かけて走ります。料金は二三〇円という格安ですが、各駅は旧跡名所がいっぱいあります。この日は宿院駅で下車し、東南方向に四キロほど歩き、仁徳陵を一周してから最寄りの阪和線の百舌鳥駅から天王寺駅に戻りました。

五日（日）は東京マラソンを見ながらホテルで過ごし、午後は大阪のシンボルタワーとして知られている通天閣に行き、あることに気がつき、この地の地名恵美須《エビシ》がエミシ（蝦夷）に転訛しているという仮説を立てました。

つまりこの仮説は「古代律令国家は東北地方の先住民エミシ国を侵略した時、エミシを捕虜として奥羽以外の諸国に移住させた」という石渡信一郎氏の命題に合致するからです。してみると確かに通天閣一帯は古代中世から「阿倍野の王子」と呼ばれ、今でも恵美須、戎《エビス》や、部落解放教育センターがあり、今戎《イマエビシ》駅という駅名、毛人谷《エビタニムラ》村、海老屋《エビヤチョウ》町という町村名があります。

東京で生まれ父母の郷里横手盆地の雄物川のほとりで育った私はエミシの末裔であることを自負しています。上流に雄勝城、下流に沼の柵や払田柵を有する横手盆地を「存在の故郷」として八〇歳をこえた今も執筆に励んでいます。『エミシはなぜ天皇に差別されたか――前九年と後三年の役』（二〇一六年四月、彩流社）を出版したのもそれが所以《ゆえん》です。

※

私は当初、本書のタイトルを『幻の雄勝城――存在の故郷を求めて』としましたが、塚田さんは「これでは売れない」と言い、「蝦夷《えみし》と東北の日本古代史――幻の雄勝城をめぐる物語」がよいと断言しました。
私も「なるほどそれがよい！」とOKしました。

二〇二三年四月一〇日（月）
エンゼルスの大谷翔平とブルージェイズの菊池雄星が対決した日

林　順治

著者略歴

林　順治（はやし・じゅんじ）

旧姓福岡。1940年東京生れ。東京空襲の1年前の1944年、父母の郷里秋田県横手市雄物川町深井（旧平鹿郡福地村深井）に移住。県立横手高校から早稲田大学露文科に進学するも中退。1972年三一書房に入社。取締役編集部長を経て2006年3月退社。

著書に『馬子の墓』『義経紀行』『漱石の時代』『ヒロシマ』『アマテラス誕生』『武蔵坊弁慶』『隅田八幡鏡』「アマテラスの正体」『天皇象徴の日本と〈私〉1940-2009』『八幡神の正体』『古代七つの金石文』『法隆寺の正体』『日本古代国家の秘密』『ヒトラーはなぜユダヤ人を憎悪したか』『「猫」と「坊っちゃん」と漱石の言葉』『日本古代史問答法』『エミシはなぜ天皇に差別されたか』『沖縄！』『蘇我王朝の正体』『日本古代国家と天皇の起源』（いずれも彩流社）、『応神＝ヤマトタケルは朝鮮人だった』『仁徳陵の被葬者は継体天皇だ』（河出書房新社）、『日本人の正体』（三五館）、『漱石の秘密』『あっぱれ啄木』（論創社）、『日本古代史集中講義』『「日本書紀」集中講義』『干支一運60年の天皇紀』『天皇象徴の起源と〈私〉の哲学』『改訂版・八幡神の正体』『日本古代史の正体』『天武天皇の正体』『日本書紀と古事記』『天皇の系譜と三種の神器』（えにし書房）。

Enishi Shobo

蝦夷《エミシ》と東北《とうほく》の日本古代史《にほんこだいし》

幻《まぼろし》の雄勝城《おがちじょう》をめぐる物語《ものがたり》

2023年5月10日 初版第1刷発行

■著者　林 順治
■発行者　塚田敬幸
■発行所　えにし書房株式会社
〒102-0074 東京都千代田区九段南1-5-6 りそな九段ビル5F
TEL 03-4520-6930　FAX 4520-6931
ウェブサイト　http://www.enishishobo.co.jp
E-mail　info@enishishobo.co.jp

■印刷／製本　株式会社 厚徳社
■装幀／DTP　板垣由佳

ISBN978-4-86722-119-8 C0021